图灵程序
设计丛书

# 图解语音识别

[日] 荒木雅弘 著
陈舒扬 杨文刚 译

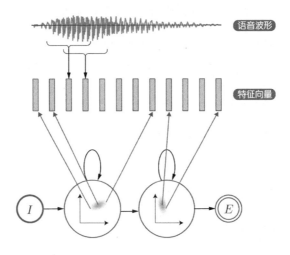

人民邮电
北京

#### 图书在版编目(CIP)数据

图解语音识别 /（日）荒木雅弘著；陈舒扬，杨文刚译. -- 北京：人民邮电出版社，2020.4
（图灵程序设计丛书）
ISBN 978-7-115-52871-1

Ⅰ.①图… Ⅱ.①荒… ②陈… ③杨… Ⅲ.①语音识别—研究 Ⅳ.①H012

中国版本图书馆CIP数据核字(2019)第268555号

### 内 容 提 要

本书从语音识别的历史和基础知识讲起，通过图解的方式对语音识别技术进行了尽可能简单的解释。内容涉及语音学基础知识、统计模式识别、有限状态自动机、语音特征的提取、声学模型和语言模型、搜索算法和基于WFST的语音识别技术等。

此外，本书没有将语音识别限定在"将语音转换成文本"的传统范畴内，而是在此基础上，还讲解了从语音识别技术到人机对话技术的演进过程和方法。内容涉及语义分析和语音对话系统的实现。

本书图例丰富，内容直观且深入浅出，适合语音识别的相关从业人员入门以及对语音识别感兴趣的人士阅读。

◆ 著　　[日]荒木雅弘
　　译　　陈舒扬　杨文刚
　　责任编辑　高宇涵
　　责任印制　周昇亮

◆ 人民邮电出版社出版发行　北京市丰台区成寿寺路11号
　　邮编　100164　电子邮件　315@ptpress.com.cn
　　网址　https://www.ptpress.com.cn
　　北京天宇星印刷厂印刷

◆ 开本：880×1230　1/32
　　印张：6.25　　　　　2020年4月第1版
　　字数：186千字　　　2025年2月北京第11次印刷
　　著作权合同登记号　图字：01-2015-8792号

定价：59.00元
读者服务热线：(010)84084456-6009　印装质量热线：(010)81055316
反盗版热线：(010)81055315

# 前 言

语音识别是指将人说出的话转换为文本的技术。在计算机刚刚问世的 1950 年前后,语音识别技术还是痴人说梦,而之后的几十年,它一直在循环往复中跌宕前行。人们每隔几年就会对其充满期待,以为它能够登上实际应用的舞台,然后又因其无法广泛普及而不得不回到基础研究。正是因为在这个过程中研究者们不断积累优秀的成果,如今语音识别才能在实际应用的舞台上华丽绽放。例如,便携设备的信息输入、会议记录的自动生成、医疗机构电子病历的自动生成等,语音识别正逐渐成为社会生活中不可或缺的技术。

本书通过图解的方式对语音识别技术进行尽可能简单的解释。现在的语音识别技术,其主流方法基于统计学,所以如果对它进行准确且严谨的说明,就要罗列晦涩难懂的数学公式。因此,尽管本书只讲解基本概念,也不能完全避免数学公式的出现,但本书会用插图来辅助说明公式背后的思路,希望能够帮助读者直观地理解其中的含义。

另外,本书没有将语音识别限定在"将语音转换成文本"的传统范畴内,而是在这一基础之上,还讲解了从语音识别技术到人机对话技术的演进过程和方法。读者在学习了语音识别的原理后,想必会有兴趣用听写软件或虚拟代理对话系统来开发一个有用或者有趣的东西,这时才是真正学习的开始。这时既可以仔细研读软件的说明书,也可以进一步学习更难的教材,还可以挑战深受好评的专业书籍。

如果本书可以带领读者进入语音识别的大门,我将深感荣幸。

笔者<br>2014 年 9 月

**注意事项**
- 本书发行之际,内容上我们已力求完美。若您发现本书存在不足和错误、漏写等问题,请联系出版方。
- 对于因本书内容运用不当或无法运用而导致的结果,作译者和出版社均不承担任何责任,敬请知悉。
- 本书中的信息均截至 2014 年 9 月。
- 本书中的网站等可能在未事先告知的情况下发生变化。
- 本书中的公司名称和产品名称、服务名称等一般为各公司的商标或注册商标。

# 目 录

## 第1章 开篇

1.1 什么是语音识别 …………………………………………… 2
1.2 语音识别的历史 …………………………………………… 4
1.3 语音识别的用处 …………………………………………… 6
1.4 为什么很难 ………………………………………………… 8
1.5 本书的目标 ………………………………………………… 10
1.6 小结 ………………………………………………………… 12

## 第2章 什么是语音

2.1 语音学 ……………………………………………………… 16
2.2 声音是如何产生的——发音语音学 ……………………… 16
2.3 声音的真面目——声学语音学 …………………………… 23
2.4 声音是如何被感知的——感知语音学 …………………… 29
2.5 总结 ………………………………………………………… 32

## 第3章 统计模式识别

3.1 什么是模式识别 …………………………………………… 34
3.2 统计模式识别的思路 ……………………………………… 36
3.3 生成模型的训练 …………………………………………… 40
3.4 判别模型的训练 …………………………………………… 44
3.5 统计语音识别的概要 ……………………………………… 45
3.6 总结 ………………………………………………………… 48

## 第4章 有限状态自动机

4.1 什么是有限状态自动机 …………………………………… 50
4.2 用有限状态自动机表达的语言 …………………………… 53

- 4.3 各种各样的有限状态自动机 ········· 55
- 4.4 有限状态自动机的性质 ············· 58
- 4.5 总结 ······························· 59

## 第 5 章　语音特征的提取

- 5.1 特征提取的步骤 ····················· 62
- 5.2 语音信号的数字化 ··················· 64
- 5.3 人类听觉模拟——频谱分析 ·········· 67
- 5.4 另一个精巧设计——倒谱分析 ······· 69
- 5.5 噪声去除 ··························· 72
- 5.6 总结 ······························· 73

## 第 6 章　语音识别：基本声学模型

- 6.1 声学模型的单位 ····················· 76
- 6.2 什么是隐马尔可夫模型 ············· 78
- 6.3 隐马尔可夫模型的概率计算 ········· 81
- 6.4 状态序列的估计 ····················· 83
- 6.5 参数训练 ··························· 85
- 6.6 总结 ······························· 89

## 第 7 章　语音识别：高级声学模型

- 7.1 实际的声学模型 ····················· 92
- 7.2 判别训练 ··························· 94
- 7.3 深度学习 ··························· 96
- 7.4 总结 ······························· 98

## 第 8 章　语音识别：语言模型

- 8.1 基于语法规则的语言模型 ··········· 100
- 8.2 统计语言模型的思路 ··············· 101
- 8.3 统计语言模型的建立方法 ··········· 103

**8.4** 总结 ……………………………………………………… 108

## 第 9 章　语音识别：搜索算法

**9.1** 填补声学模型和语言模型之间的空隙 …………………… 112
**9.2** 状态空间搜索 …………………………………………… 113
**9.3** 用树形字典减少浪费 …………………………………… 115
**9.4** 用集束搜索缩小范围 …………………………………… 116
**9.5** 用多次搜索提高精度 …………………………………… 118
**9.6** 总结 ……………………………………………………… 120

## 第 10 章　语音识别：WFST 运算

**10.1** WFST 的合成运算 ……………………………………… 124
**10.2** 确定化 …………………………………………………… 129
**10.3** 权重移动 ………………………………………………… 133
**10.4** 最小化 …………………………………………………… 134
**10.5** 总结 ……………………………………………………… 135

## 第 11 章　语音识别：使用 WFST 进行语音识别

**11.1** WFST 转换 ……………………………………………… 138
**11.2** 声学模型的 WFST 转换 ………………………………… 139
**11.3** 发音字典的 WFST 转换 ………………………………… 141
**11.4** 语言模型的 WFST 转换 ………………………………… 142
**11.5** WFST 的搜索 …………………………………………… 144
**11.6** 总结 ……………………………………………………… 145

## 第 12 章　语义分析

**12.1** 什么是语义表示 ………………………………………… 148
**12.2** 基于规则的语义分析处理 ……………………………… 151
**12.3** 基于统计的语义分析处理 ……………………………… 153
**12.4** 智能手机的语音服务 …………………………………… 156

**12.5** 总结 ································· 159

## 第13章　语音对话系统的实现

**13.1** 对话系统的开发方法 ···················· 162
**13.2** 基于规则的对话管理 ···················· 164
**13.3** 针对对话管理的统计方法 ················ 166
**13.4** 总结 ································· 170

## 第14章　终篇

**14.1** 语音分析工具 WaveSurfer ················ 174
**14.2** HMM 构建工具 HTK ···················· 175
**14.3** 大词汇量连续语音识别引擎 Julius ········· 177
**14.4** 虚拟代理对话工具 MMDAgent ············ 179
**14.5** 深入学习之路 ·························· 180

思考题的解答 ································· 182
参考文献 ····································· 188
后　　记 ····································· 191

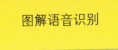

图解语音识别

第 **1** 章

# 开篇

在本章,我们将一边回顾语音识别技术的历史,一边思考如果计算机能够听懂人类说话,那么它能够帮助我们做什么,以及要想让计算机听懂人类说话,我们需要克服什么样的困难。

## 1.1 什么是语音识别

语音识别是将人说出的话转换为文本的技术,也被称为自动语音识别(Automatic Speech Recognition,ASR)。本书中我们使用更为广义的概念,把从人类发出语音到计算机理解人类所说内容为止的所有技术手段统称为语音识别。

语音识别一般和文字识别、人脸识别等技术一同被认为是模式识别的一个领域。但是,即使同样是语音识别,在不同的环境和条件下也会有所不同,需要具体问题具体分析(图1.1)。

图1.1 语音识别的问题设定

**应用环境**

从只有说话人声音的安静环境，到混杂着各种各样且程度不同的噪声的环境，语音识别的研究和应用需要考虑各种情况。

最理想的环境是使用高指向性[①]且带有去除噪声功能的降噪话筒来输入语音的环境。另外，即便同样是有噪声的环境，在汽车中和在车站里，识别的难度也是不同的。汽车中的噪声虽然级别高，但在一定程度上是具有稳定性质的平稳噪声；而车站里的噪声混杂了各种各样的声音，属于非平稳噪声。

**说话人是否特定**

指定某个说话人的识别称为特定人语音识别，不指定说话人的识别称为非特定人语音识别。

语音识别在研究的初期阶段，为了提高识别精度，是将特定说话人作为研究对象的；而现阶段的研究，或者在已经投入使用的系统中，大半是以非特定说话人为研究对象的。目前被广泛应用的说话人自适应技术，能够利用说话人最先输入的少部分语料，调整非特定人语音识别系统的参数，使其具备和特定人语音识别系统相近的识别能力。

另外，目前还存在说话人仅限于小孩或老人等特定人群的语音识别系统。

**需要的单词量**

对于通过语音来遥控家用电器这类操作，语音识别系统只要能够识别几十个单词，就可以满足一定程度的需求；而对于工厂里通过语音输入来生成工作日报这种限定在一定场景下的应用，系统如果能识别几百至几千个单词即可达到实用级别。但是，用于语音搜索或制作会议记录的语音识别系统则需要识别几万至几十万个单词，而且具体的实现方法也会各不相同。

---

[①] "高指向性"是指将拾音方向限定在较窄的范围内。

**是否需要准确输出**

对会议转录系统来说，将与会人员说出的话尽可能准确地转换并输出是很有必要的。不过，识别结果中是否要包含"嗯"这样的停顿或者口误一类的内容，还需要有明确的指示。另一方面，在对话系统中，只要能够正确识别名词和动词这样的实词，即使漏掉或错误识别了助词或助动词等虚词，系统仍然可以正常工作。

现在已经投入使用的语音识别系统都是通过组合各种各样的技术来应对上述这些问题的。

## 1.2 语音识别的历史

图 1.2 显示了语音识别技术从开发初期到现在的发展过程，以及其在性能上提升的过程。

语音识别自计算机诞生（20 世纪 50 年代）以来，就一直是一个人类梦寐以求的技术。在以前的科幻电影中，人类就是用语音向计算机传达指令的。在 1968 年上映的美国电影《2001 太空漫游》中，宇宙飞船上搭载的计算机 HAL9000 就是通过语音与乘务员交流的。而从 1966 年播放至今的美国电视剧《星际迷航》中，主人公只要用语音询问计算机就可以得到准备探索的星球的数据。自计算机被发明之后，人类就坚信通过语音来驱动计算机的时代终会到来。

语音识别的研究正式开始于 20 世纪 60 年代，这一时期人们曾尝试提取语音的频谱图①与音素②之间的关联规则。1970 年在大阪举办的世界博览会上就展出过基于声谱图工作的打字机原型。

进入 20 世纪 70 年代，人们研究出了动态规划（Dynamic Programming，DP）匹配方法。该方法能够将输入语音与样本语音的各自特征，按时间

---

① 频谱图是将声音频率分量的时间变化用颜色深浅来表示的图像（图 2.16）。
② 音素是根据语音的自然属性划分出来的最小语音单位，如汉语 a、o、e、b、p、m 等。

轴进行伸缩、匹配。基于这个技术，人们成功地将包含少量单词的短句的识别速度提高了一大截儿。尽管与实时识别相比速度仍然很慢，但在当时这已经是很了不起的技术了。美国麻省理工学院（MIT）利用这个方法开发出了通过语音和手指来操作屏幕对象的 Put-That-There 系统。此外，他们还开发了名为 Voyager 的语音对话系统，该系统可以提供一定地区内的公交线路信息。

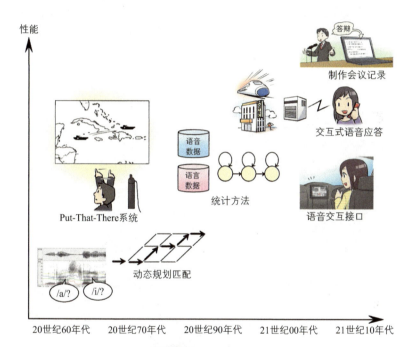

**图 1.2** 语音识别的历史

20 世纪 90 年代以后，基于统计方法的语音识别成为主流，本书将从第 6 章开始介绍这一技术。市面上出现了面向普通用户的计算机听写软件，可以将输入的语音转换成文本输出。

另外，在此期间还出现了一些可以用作语音识别研究和开发工具的自由软件。例如，可以用于构建、训练和评估统计模型的 HTK（Hidden markov model ToolKit，隐马尔可夫模型工具集），以及可以实际用于语音识别的 Julius 框架等。这些软件至今仍在持续更新，并被广泛地应用于语音识别的学习和研究中。

在 21 世纪的前 10 年,语音识别作为车载导航系统或交互式语音应答(interactive voice response,IVR)系统的核心技术,迎来了实用化的时代。近年来,为了节省人力成本,语音识别技术逐渐被引入工作现场,用于制作会议记录或工作日报等业务。同时,随着智能手机中语音输入应用的普及,很多人在日常生活中也应用着语音识别技术。如今,语音识别的性能已经提高到了可以实用化的水平。这得益于 20 世纪 90 年代以来统计方法的进步,以及服务器端语音识别系统的采用,它们让用于训练的数据量有了飞跃式的增长。

## 1.3 语音识别的用处

在我们的日常生活中,语音识别技术可以用作便携的人机接口(图 1.3)。

图 1.3 作为人机接口的语音识别技术

在小型数字终端（平板电脑或智能手机）上输入搜索词或操作应用程序时，用键盘输入会很麻烦，这时就可以采用语音识别技术。对数字终端设备中体型更小的穿戴设备（如眼镜、手表等）来说，语音则会是主要的输入手段。

出于安全驾驶的考虑，一些车载导航设备也会配备语音交互功能。目前在售的车载导航系统中，有很多机型可以通过语音来输入目的地，有的机型还可以通过语音来控制音乐播放器或者收发电子邮件。此外，作为面向老年人和残障人士的人性化接口，语音识别技术也开始被应用于控制家用电器等日常生活的操作中。

另外，使用语音识别技术不仅可以将过去费时费力的工作自动化，还可以提供新型的服务（图 1.4）。

图1.4　语音识别技术带来的新型服务

国会或地方议会的会议记录，过去要靠速记员完成，现在人们正尝试用语音识别来替代速记员的工作[①]。医院也开始使用语音识别技术来生成电子病历。最近几年，电视节目都会提供字幕，但像新闻这样在播出时会改变原定内容的节目，就需要通过语音识别结合人工修正来确保能够实时提供准确的字幕了[②]。在视频播放服务或大学授课中，为了给听觉障碍人士提供便利，也在应用这种字幕生成技术。

如上文所述，语音识别正在各种各样的场景中被投入使用。

## 1.4 为什么很难

通常，语音识别被认为是很难掌握的技术。整理其中的原因，可以归纳为如下 3 点（图 1.5）。

1. 它是一门跨领域的技术。
2. 它是模式识别中最难的一类问题。
3. 需要掌握很多技能才能把它实用化。

**一门跨领域的技术**

从 20 世纪 90 年代统计方法取得发展以来，语音识别一直被认为是基本成型的技术，直到近几年因为深度学习的发展，这种看法才产生了动摇。从信号处理到结果输出的整个过程，语音识别技术都以统计学框架为核心，不依赖于语言种类，所以对于任何语言人们都可以使用大致相同的步骤来进行语音识别。

---

[①] 河原达也. 议会会议记录中的语音识别——众议院的系统概要. 信息处理学会研究报告. SLP, 语音语言信息处理, 2012, 2012-SLP-93(5): 1-6. http://www.ar.media.kyoto-u.ac.jp/diet/SLP12.pdf.

[②] 今井亨. 实时字幕播送中的语音识别. NHK 技研 R&D, 2012, No.131: 4-13. http://www.nhk.or.jp/strl/publica/rd/rd131/PDF/P04-13.pdf.

· 一门跨领域的技术

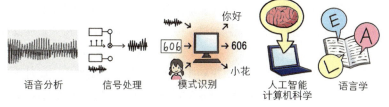

· 模式识别中最难的一类问题

· 实用化要求很多专业知识

**图1.5** 语音识别的难点

不过,这个成型的技术是各领域知识的结晶,想要理解其中详细的内容,需要掌握语音分析、信号处理、模式识别、人工智能、计算机科学和语言学等多种领域的基础知识。

## 模式识别中最难的一类问题

语音识别涉及的各个知识领域中,模式识别处于核心地位。而语音识别在模式识别中又是最难的一类问题。模式识别的难度取决于输入/输出各自的复杂程度,以及输入/输出的对应关系。

模式识别中最简单的一类问题是"单输入单输出的模式识别",识别写在方框中的字就是这类问题的典型案例。

然而,作为时域信号,语音有多个输入(按照一定的时间间隔分隔出的多个特征集合的序列)。而且这些输入需要被识别为单词序列,所以输出也有多个。更难的是，输入的序列长度和输出的序列长度之间没有明确的对应关系。语速快的人和语速慢的人在一秒钟内说出的单词数量是不同的。因此，语音识别就成了模式识别中最难的（序列长度没有对应关系的）"多输入多输出的模式识别问题"。本来技术实现就很难，大多数语音识别的应用场景对识别速度还有实时性的要求，比如对话系统或字幕生成等。为了实现"快速地解决识别难题"，语音识别技术中常会用到各式各样的方法和技巧，这使得人们理解这项技术更加困难。

**需要掌握很多技能才能把它实用化**

系统定制化是语音识别投入使用时的难点之一，这个难点用业界的用语来表达就是"离不开人"。假设有这样一个案例：语音识别供应商的某个客户，要求将语音识别技术整合到他们的部分业务中。这时，首先要像 1.1 节介绍的那样进行业务分析，调查技术的应用环境是什么样的、大概有多少不同的说话人等信息。然后在应用过程中，为了适应语音识别的使用环境和说话人，有时还需要对模型进行后续调整并更新，甚至还需要重新训练模型。

另一方面，从用几十个单词就可以控制的家用电器，到需要成百上千个单词的特定任务，再到需要几万个单词以上的会议转录任务，语音识别系统需要根据任务的不同进行相应地调整。不仅要结合目标任务挑选可能会出现的单词，还要优化发音字典和语言模型。

另外，语音对话系统在实用化时，还需要事先推测用户可能会说什么，并把推测结果作为对话模式记录下来。

为了让语音识别能对用户有所帮助，不断修正上面提到的这些工作和系统是十分必要的，而这些都需要工作人员掌握很多专业技能才能完成。

## 1.5 本书的目标

针对 1.4 节中说明的难点，本书在讲解时会采用如图 1.6 所示的方法来应对。

- 一门跨领域的技术

- 模式识别中最难的一类问题

 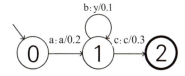

- 需要掌握很多技能才能把它实用化

**图1.6** 语音识别知识的讲解方案

对于难点 1，本书将尽可能筛选出基本的概念，并进行简单易懂的说明。本书 1.4 节中列举的每一个领域的基本概念都要大概用一本书才能说清楚，而本书只筛选出其中与语音识别技术相关的内容，并使用插图来进行直观的说明。

对于难点 2，本书将循序渐进地讲解 WFST（Weighted Finite State Transducer，加权有限状态转换器）这一语音识别方法的脉络。WFST 是一种模型，它将信息科学基础理论中的有限状态自动机看作输入和输出的转换器，并用权重来表示转换时的概率。使用 WFST 的语音识别方法确立于 21 世纪 00 年代的后半段，在那之前的语音识别系统是混合使用各种统计模型来实现的，而 WFST 方法通过简单的原理就统一且高效地实现了语音识别系统。

对于难点 3，本书会介绍一些语音识别的自由软件，借助它可以实际动手制作出系统原型。读完本书后，大家可以试着自己设置任务，然后使用这些软件制作语音识别系统，这样就能够学会实用化时所需的各项技能了。

## 1.6 小结

本书的结构如图 1.7 所示。

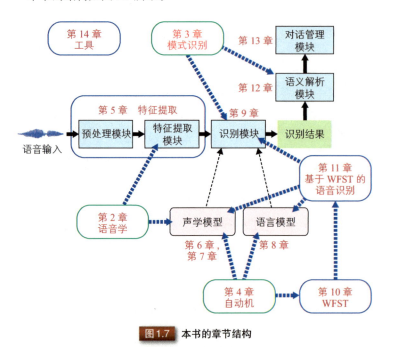

**图 1.7** 本书的章节结构

第 2 章到第 4 章依次讲解语音学、模式识别和自动机的基础知识。第 5 章到第 9 章讲解已经成型的传统的语音识别方法，第 10 章和第 11 章则将这些传统方法与 WFST 方法进行了整合。接着，第 12 章和第 13 章介绍用于解析识别结果和实现对话系统的技术。最后的第 14 章介绍大家在今后学习中可以使用的自由软件。

语音识别已经从早期研究阶段，即以很慢的速度识别特定说话人的单音发声或单词发声的技术，逐渐发展为了可以在大词汇量下实时且连续地识别非特定说话人的技术。现在，语音识别技术已经被广泛应用于智能手机和平板电脑的输入方式上，并且也已经开始被用于会议记录和实时字幕的生成等场景中。

　　语音识别是一门综合技术，要想透彻地学习其全貌很困难，但市面上也有几本面向初学者的书。古井贞熙的著作 [1] 是面向大众的科普类图书，该书在尽量避免使用公式的前提下对语音识别的原理进行了解说，读者可以从中了解很多作者关于语音的深度见解。拙著 [2] 是一本实践类书，其中有本书没有提及的使用自由软件来动手学习的内容，所以推荐给计算机专业的学生或其他理工科的大学生。鹿野清宏等人编写的教科书 [3] 很详细地介绍了统计语音识别的基本原理，所以推荐给信息专业的大学生或技术工作者。中川圣一等人编写的教科书 [4] 除了语音识别，还覆盖了范围更广的自然语言处理，甚至准备好了可以用来对照书中内容做练习的 Linux 虚拟机，是一本精心力作。

❶ 请研究一下直到 2000 年左右语音识别才开始普及的原因。

❷ 据说对比英语 / 汉语 / 日语等语言，可发现小语种的语音识别率不高，请研究其中原因。

图解语音识别

# 第 2 章

# 什么是语音

本章将从语音学的角度来解答"什么是语音"。这些语音学的知识在语音处理的工程实现中是很重要的。

## 2.1 语音学

人类用于交流的声音称为语音。研究语音性质的学科称为语音学。如图 2.1 所示,语音学可以分为三类:对说话人使用发音器官发出声音的原理进行分析的是发音语音学;对发出的声音进行物理分析的是声学语音学;对听者收听语音的原理进行分析的是感知语音学。

如果将这三类语音学与其关联的位置相对应,那么发音语音学主要发生在口中,声学语音学发生在传播声音的空气中,感知语音学主要发生在听者的耳中。因此,语音学就是研究声音在传播过程中都发生了什么的学科。

在本章,我们将从语音学的角度来介绍语音识别相关的内容。

发音语音学　　　　　声学语音学　　　　　感知语音学

**图 2.1** 语音学的分类

## 2.2 声音是如何产生的——发音语音学

发音语音学是研究人类如何发声的学科。

### 2.2.1 发声器官的构造和功能

人类用来发声的发声器官有肺、喉、口和鼻,它们的构造如图 2.2 所示。

人类在发声时,首先会从肺部排出空气。从肺部排出的空气通过位于喉部的声带,由口或鼻释放出来,这样就形成了语音。

## 2.2 声音是如何产生的——发音语音学

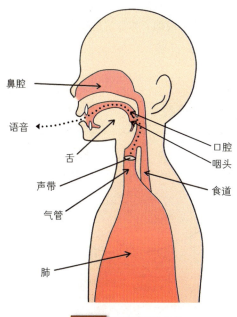

图2.2 发声器官的构造

在这里，担任重要声源功能的是声带。声带是由肌肉和粘膜组成的一对左右对称的皱襞。皱襞中间的区域称为声门（图 2.3）。呼吸时声门保持打开状态。发出声音时，声带周围的肌肉绷紧，声门关闭。如果来自肺部的空气强行冲击关闭的声门，声带就会振动并引发声门反复张开闭合。大家可以试试将嘴唇调整为轻微闭合的状态，然后让气流从嘴唇中排出，这时就会发出"bububu"一类的声音，声带的振动就是类似于这样的情况。

通过声带开闭使空气产生有规则的断续，由此而发出的声音称为浊音（例如 a、o、e 等元音或 m、n、l、r 等辅音）。在发出浊音时，用手触摸喉结会发现声带在振动。如果声带绷紧，从肺部出来的气压较高，那么声带的开启闭合周期就会缩短，声音的频率会升高。相反，如果声带放松，声带的开启闭合周期会增长，声音的频率会降低。

而发声时声带不振动的声音称为清音。让来自肺部的空气通过处于开启状态的声带，然后使用嘴唇或牙齿阻碍空气使得空气从缝隙中通过，这样形成的伴有破裂性或摩擦性的声音就是清音。向手吹气的时候发出的"哈"，或示意安静时的"嘘"就是典型的清音。

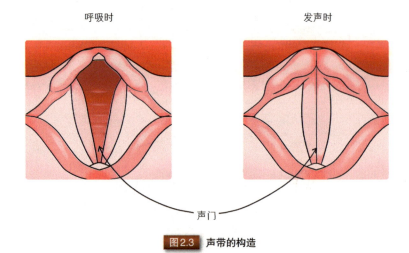

图 2.3 声带的构造

由声带的这些不同动作所产生的声源，受到咽头以上部位声道变形的影响，就产生了各种各样的语音。

### 2.2.2 音素的产生

根据语音的自然属性划分出来的最小语音单位称为音素。下面来讲解通过使声道变形来生成各种音素的原理。

从咽头到嘴唇的区域是口腔，到鼻孔的区域是鼻腔。人们借助口腔和鼻腔形成的声道（图 2.4）生成各种音素。

音素分为元音和辅音两大类。元音是在发音过程中声道保持固定形态后，气流顺畅地通过口腔时发出的声音。汉语中有单元音和复元音，其中 a、o、e、i、u、ü[①] 是单元音，ai、ei、ao、ou、uai、uei 等是复元音，其中只有单元音是音素。在实际发音时，a、e 的发音会受前后组合的元音影响，与单元音发音相比略有变化，具体请参见 2.2.4 节"音素的变形"部分。

---

① 虽然语音学规定音素符号要像 /a/ 这样用分隔号包围，但本书为了便于阅读，单独音素符号出现时省略了字母两边的分隔号。

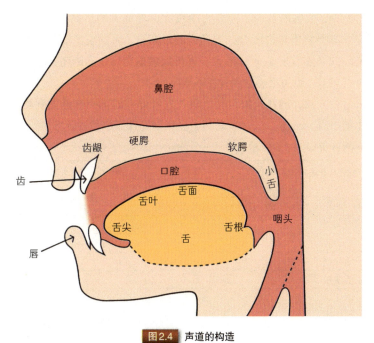

图2.4 声道的构造

结合舌的最高点的高低和前后位置,可以区分元音。以高低位置为横轴,以前后位置为纵轴,汉语的元音舌位图如图 2.5 所示。

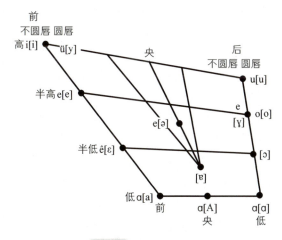

图2.5 汉语元音舌位图

例如，发 a 的音时，需要将嘴张大，降低舌的最高点。而发 i 的音时，需要将嘴稍微闭合，上扬舌的最高点，舌的位置要比 a 的稍稍靠前。如果连着发 a-e-i 的音，就可以感觉到嘴在逐渐闭合，连着发 u-ü-i 的音，就可以感觉到舌在逐渐向前伸出。

另一方面，辅音是发声时气流在发音器官的某一部位受到阻碍而发出的声音。b、p、m、f 就是辅音。根据发音部位和发音方法的不同，辅音的分类如图 2.6 所示。

| 发音方法<br>发音部位 | 塞音 | | 塞擦音 | | 擦音 | | 鼻音 | 边音 |
|---|---|---|---|---|---|---|---|---|
| | 清 | | 清 | | 清 | 浊 | 浊 | 浊 |
| | 不送气 | 送气 | 不送气 | 送气 | | | | |
| 双唇音 | b | p | | | | | m | |
| 唇齿音 | | | | | f | | | |
| 舌尖前 | | | z | c | s | | | |
| 舌尖后 | d | t | | | | | n | l |
| 舌尖后 | | | zh | ch | sh | r | | |
| 舌面音 | | | j | q | x | | | |
| 舌根音 | g | k | | | h | | | |

图 2.6 汉语的辅音

例如，m 是将嘴唇闭合，气流通过鼻腔发出的鼻音。而 sh 和 r 虽然发音部位和发音方法相同，但分别属于清音和浊音两类不同的辅音。

发音时，发音部位形成闭塞，软腭上升，堵塞鼻腔的通路，气流冲破阻碍爆发成声的称为塞音，而塞音又分为送气音和不送气音。如舌尖中塞音中，不送气的是 d，而送气的是 t。将手心靠近嘴前，就可以感受到送气和不送气的变化。

发音时，发音部位靠近，留下窄缝，软腭上升，堵塞鼻腔的通路，气流通过从窄缝中挤出成声的才称为擦音，如 f、h、x、sh、r、s。

发音时，发音部位先形成闭塞，软腭上升，堵塞鼻腔的通路，然后气流把阻塞部位冲开一条窄缝，从窄缝中挤出，摩擦成声的称为塞擦音，如 j、q、zh、ch、c。

发音时，舌尖与上齿龈接触，但舌头的两边仍留有空隙，同时软腭上升，阻塞鼻腔的通路，气流振动声带，从舌头的两边或一边通过的称为边音。汉语中只有一个边音 l。

汉语中有 22 个辅音，其中 20 个辅音只担任声母功能，1 个辅音（n）兼任声母和韵尾，1 个辅音（ng）只担任韵尾功能。

### 2.2.3　音节和声调

元音和辅音是组成语音的基本单位，然而并非将它们任意排列就能组成语言。元音本身或"元音 + 辅音"可构成音节，音节是自然能感觉到的最小语音片段。一般说来，1 个汉字表示 1 个音节。英语中常见连续辅音，汉语中没有连续的辅音，所有音节必须有元音。

除此之外，汉语中的音节往往附加有声调，如"chāng"（昌）、"cháng"（常）、"chǎng"（厂）、"chàng"（唱）4 个音节，构成它们的元音和辅音都相同，但意义不同，就是因为声调不同。汉语一共有 4 个声调。

声调即指相对音高。在汉语语音学中，一般采用 1 到 5 的五度标记法来标记调值的相对音高。如阴平（一声），即由 5 度到 5 度；阳平（二声），即由 3 度到 5 度；上声（三声），由 2 度降到 1 度再升到 4 度；去声（四声），即由 5 度降到 1 度（图 2.7）。

声调的变化使汉语富有抑扬顿挫感，从中我们可以真切感受到汉语为何被称为音乐性语言。

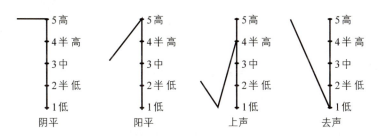

图 2.7　普通话声调调值五度标记法

### 2.2.4　音素的变形

下面我们来看连续发音时的音素变形。

单个音素可以按照 2.2.2 节中说明的方法来发音，但是人们以普通语速说话的时候，并非所有音素都会按照标准来发音。因为要改变声道形状才能连续不断地产生音素,所以连续发声时的语音会发生各种各样的变形。

● 协同发音

连续语音中的各个音素,会受到前后音素的影响而发生变形,这种现象称为协同发音。例如汉语中的复合元音 uai,如图 2.8 所示,韵腹 a 发音时,声道形状是由韵头 u 的形状转换而来的,而且还要为转换为韵尾 i 的形状做准备。

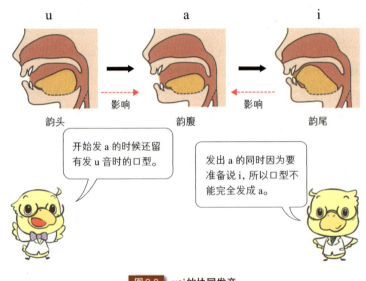

图2.8 uai的协同发音

● 轻声

汉语每一个音节都有它的声调,但在词或句子中许多音节往往会失去原有的声调而读成一个较轻、较短的调子。如"头",原本是二声,可是在"木头"这个词中,失去了原来的声调,读得比"木"轻得多,成为一个轻声音节。

汉语里有一些词或词组靠轻声与非轻声区分词义或词性。如地道(dìdào),表示地面下的坑道,是名词;而地道(dìdao),则表示纯正的、实在的，是形容词。

● 变调

两个字连读使声调发生变化，称为变调。如两个三声字连在一起读时，前一个三声字受后一个三声字的影响，会变为二声字，如你好、橄榄等。

协同发音是在连续发音过程中声道平滑运动产生的必然结果，这源于人类发声器官的构造。但是，即便是前一个音素不同，中间音素的发音也未必是不同的，只要是从相似的声道形状转换而来的，那么中间音素的发音就基本相同。后一个音素也是如此。

在语音识别的工程实现中，需要利用这些知识来选择识别对象的范围，以及设计识别结果出现顺序上的约束和优先度。

## 2.3 声音的真面目——声学语音学

接下来，要从声学语音学的角度来解释"声音是什么"。

### 2.3.1 声音是什么

首先我们来探究声音的真面目。通常可以认为声音是在空气中传播的波，但是它不像水波那样传播波的高低变化，它传播的是空气的密度变化。拍手时手掌的振动将空气挤出，对比周围的大气压，空气被挤入的地方压力增高，而空气被挤出的地方则相对压力降低。压力高的部分向手掌四周移动，压力低的部分则紧随而至——这就是手掌振动所引发的空气密度的周期性变化，这种变化会在空气中蔓延开来（图2.9）。这样的波就称为压缩波。

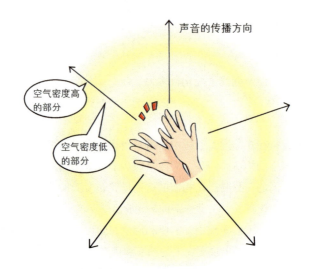

图2.9 空气压缩波的传播情况

空气中的压缩波一旦碰到鼓膜那样的薄膜,就会使其振动。麦克风的作用就是将这种振动以电信号的形式提取出来。如图 2.10 的波形图所示,以振动的幅度为纵轴,以时间为横轴,就能够将声音可视化。

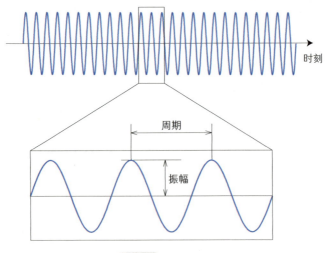

图2.10 声音的波形

## 2.3.2 声音的频率分析

如图 2.10 所示,波形取决于周期和振幅。周期是波完成一次循环需要的时间,振幅表示波峰或波谷距离基准点的高度。其中代表波的特征的是周期。对于声音来说,因为它的周期很短,所以要用周期的倒数——频率来表示波的各种特征。频率表示波在一秒钟内循环的次数,单位是 Hz(赫兹)。所谓频率分析就是从波中提取频率信息,频率分析采用的方法是傅里叶变换。

傅里叶变换的原理基于傅里叶级数展开。傅里叶级数展开是指"复杂的周期函数可以表示成频率不同的简单波的加权和"。例如,叠加 $\sin t$ 和 $\sin 2t$ 就会形成图 2.11 中等号右侧那样的复杂的波。

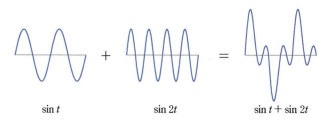

**图2.11** 波的叠加

基于这个性质,任何驻波 $s(t)$ 都能够表示为公式 (2.1)。

$$s(t) = \frac{a_0}{2} + \sum_{n=1}^{\infty} a_n \cos(2\pi n f t + \theta_n) \tag{2.1}$$

这里的 $f$ 称为基本频率,对应最低的频率。$a_n(n=0, 1, \cdots, \infty)$ 代表了各个频率的波在原信号 $s(t)$ 中出现的强度,在频率分析中经常会用到该信息。傅里叶变换是将由时间 $t$ 表示的波形函数 $s(t)$,转换为用频率 $\omega$ 表示的函数 $S(\omega)$(图 2.12),这一转换可以通过公式 (2.2) 求得。

$$S(\omega) = \int_{-\infty}^{\infty} s(t) \, e^{-ift} dt \tag{2.2}$$

$S(\omega)$ 的值的平方称为功率谱。$S(\omega)$ 可以表示为复数,实部是 $\sin$ 波的分量,虚部是从 $\sin$ 波进行相位偏移后的 $\cos$ 波的分量。由于各频率的波对合成波振幅(能量)的贡献程度可以表现为实部/虚部的大小,所以将 $S(\omega)$ 取平方就相当于取复平面中的绝对值。

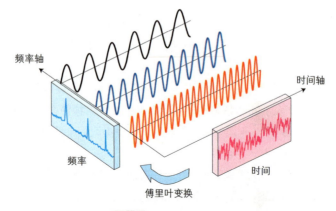

图2.12 傅里叶变换示意图

前面讨论的都是连续值的情况,而语音识别中的对象是经过数字化处理后的语音数据,是离散的值,需要通过离散傅里叶变换来求取频率成分。这时就要用到可以进行快速计算的快速傅里叶变换(Fast Fourier Transform,FFT)。

## 2.3.3 声音和频谱

接下来将对语音信号的特性进行说明。

图 2.13 中,从上到下依次是男性用普通声音说"啊"时的波形,男性小声说"啊"时的波形和女性用普通声音说"啊"时的波形。

从图中可以观察到,元音波形的特征是相同模式的多次重复,但是每一个模式的振幅和形状看起来都有很大的差异。仅靠这个波形数据来做识别似乎有点困难。

图2.13　"啊"的语音波形

在这里，我们回忆一下 2.2.2 节中学过的语音的发音方法。通过声带可以产生声源，通过声道的变形可以产生不同的音素。如同管乐器的管的长度发生改变后共振音高也会改变，声道的形状发生变化时共振频率也会发生变化。这个共振频率是带来音素变化的重要因素。产生共振的频率和其附近的频率相比，功率谱的值会升高。

因此，如果能够通过分析频率获知功率谱骤然增高的位置，就可以捕捉到音素的特征。对图 2.13 上排的"啊"的波形功率谱进行计算后，结果如图 2.14 左侧所示。图中数据参差不齐、变化剧烈，到底在哪里骤然增高并不能看清楚。图中频率变化微小的部分是受到了声带振动所产生的声源的影响，使用第 5 章将要介绍的倒谱分析将该影响去除后，就可以求得图 2.14 右侧的功率谱的轮廓。它展示了声道的变化过程。

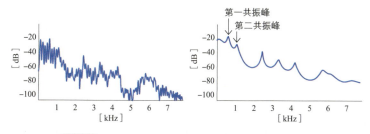

图2.14　"啊"的波形的功率谱（左）及其大致图像（右）

比附近频率突出的部分称为共振峰。从频率低的位置开始，依次称为第一共振峰、第二共振峰……图 2.14 右侧的图中，第一个波峰大概位于 0.7 kHz 的位置，这就是"啊"的第一共振峰，而第二共振峰大约在 1.1 kHz 处。

汉语的几个单元音 a、o、e、i、u、ü 反映在以第一共振峰为横轴、第二共振峰为纵轴的图上时，结果会如图 2.15 所示。该图称为共振峰图。与图 2.5 进行对比后我们可以发现，第一共振峰对应舌最高点的上下位置，第二共振峰对应舌最高点的前后位置，发音语音学的知识被精准地反映到了语音的物理特性上。

语音是功率谱在时间轴上的变化，因此捕获到变化的过程是很有必要的。用图像颜色的深浅表示功率谱的值的高低，并以频率为纵轴、时间为横轴画出的图称为频谱图。图 2.16 中显示了语音波形和频谱图的示例[①]。

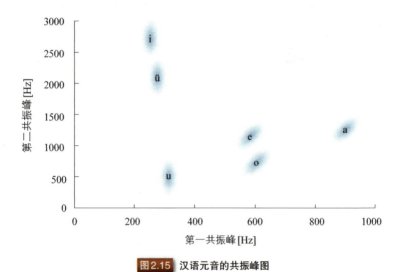

**图 2.15** 汉语元音的共振峰图

---

① 频谱图上的线表示共振峰的位置。频率最低的是红色的线，表示第一共振峰。

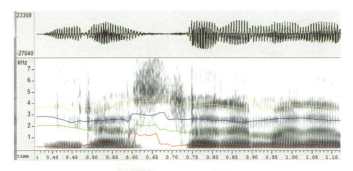

图2.16 语音波形和频谱图

一些语音学专家在看到频谱图后就能够辨别出输入的是什么语音。在语音识别研究的早期,人们曾尝试让计算机习得专家解读频谱图所用到的知识,以此来实现对语音的识别。然而,让计算机准确地习得无法用语言表达的知识是很困难的。

## 2.4 声音是如何被感知的——感知语音学

本章的最后介绍感知语音学,即人类是如何感知听到的声音的。

### 2.4.1 听觉器官的构造和功能

人类在感知声音时使用的器官是耳。图2.17展示了人类听觉器官的构造。

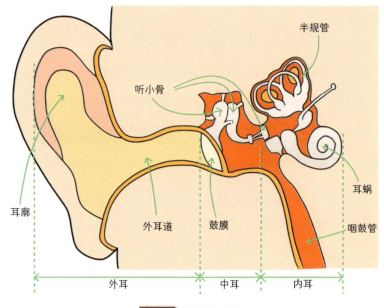

图2.17 听觉器官的构造

听觉器官从功能上可以分为外耳、中耳和内耳。

外耳是指从耳廓（也称为耳壳）开始，经过外耳道（掏耳勺能到达的位置），直到鼓膜前的这一段范围。耳廓主要起到收集来自前方的声音的作用。声音通过外耳道时，由于共振作用，高音的音强被增加。

中耳由鼓膜和三块听小骨（锤骨、砧骨和镫骨）组成。鼓膜随声音（空气的压缩波）振动，听小骨将振动放大后传给耳蜗。

位于内耳的耳蜗如图 2.18 所示，它的形状很像蜗牛的壳，内部如同一个充满了淋巴液的洞窟。耳蜗中的基底膜将洞窟分隔成两个区域。基底膜越往里越宽，且各部分的宽度不同，所以各部分的振幅也不同。听小骨的振动在淋巴液中传播，摇晃基底膜。此时，如果振动的频率高，基底膜的入口附近就会振动，如果频率低，其深处就会振动。基底膜振动后，这个位置的毛细胞受到刺激的信息就会传入大脑。人耳正是通过这样简单的构造实现了声波的频率分析。

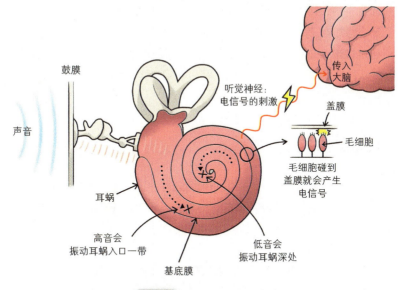

图2.18 声音传入大脑的机制

据说人类能够听到的声音频率大概在 20 Hz~20 kHz。随着年龄的增加,耳蜗的毛细胞会从入口一带开始逐渐丧失功能,变得难以听到高音。但是语音中的重要频率都在 10 kHz 以下,因此只要能听到 10 kHz 的声音,就不会影响日常生活。

## 2.4.2 人类听觉的特性

和其他感官一样,人耳的频率分辨率近似于对数刻度。例如,实验已经证实,如果以 1 kHz 的声音为基准,那么听起来有 2 倍音高的声音大约是 3 kHz,听起来是一半音高的声音约为 400 Hz。也就是说,对低频分辨敏感、对高频分辨迟钝就是人类的听觉特性。但是,实验一下就能知道,人类听觉也并非严密地依照对数刻度。通过实验求得的人类听觉刻度被称为梅尔刻度。

另外,关于声音的大小,据说人耳可以忍耐的最大声音是最小可感知音量<sup>①</sup>的大约 100 万倍。这种感知能力也大致呈对数刻度。人耳能承受最小感知音量的大约 100 万倍的声音，听起来令人吃惊，但是如果听到超过极限音量的声音或者持续听音量高的声音，会使毛细胞受到损伤，从而导致听力的大幅度衰退，所以一定要注意。

## 2.5 总结

在语音的工程处理中，需要对语音进行建模。为了准确地建模，有必要学习语音信号是怎样生成的。另外，理解什么是对语音信号识别有用的信息、人类是如何提取这些信息的等知识，对设计特征提取阶段的处理是很有帮助的。

日本声学学会编写的声学小事典 [5] 是网罗了语音相关知识的面向大众的书。另外，青木直史编写的声学入门书 [6] 配有讲解音频，可以在网站上收听，最适合初学者。而洼园晴夫编写的教科书 [7] 通过身边的现象解释了日语音韵学的观点。

❶ 语音可以分为承担语言信息的语言声音和其他的非语言声音，请调查非语言声音的例子。
❷ 请调查英语中有几个元音。
❸ 请调查大词汇量连续语音识别引擎 Julius 的标准声学模型设定了几个音素。

---

① 人耳可以感知到最小的压力变化是 20 μPa[1 大气压（约等于 1000 hPa）的一百亿分之二]。

图解语音识别

第 3 章

# 统计模式识别

　　1990 年前后，在计算机速度大幅提高，内存和存储媒体容量增大的背景下，模式识别中使用大量数据进行统计式机器学习并生成分类器，即所谓的"统计模式识别"方法成为了主流。本章就将对目前已成为语音识别基础方法的统计模式识别进行说明。

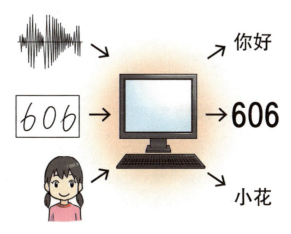

## 3.1 什么是模式识别

语音识别技术是模式识别技术的一个分支。模式识别技术还包含文字识别、图像识别等，是把人类通过五感感知到的信号对应到一个已知概念上的技术。模式识别中的识别对象都是像语音、手写体、人脸图像、视频这样的变化繁多的事物。但是，如果能够捕捉它们在时间或空间上的信号，再用本书第 5 章将要介绍的信号处理技术提取出其特征的话，之后的识别处理就成了一项通用的技术，不再受输入数据种类的限制。

一般来说，模式识别系统的结构如图 3.1 所示。

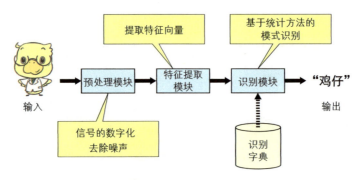

图3.1　模式识别系统的结构

预处理模块要对输入的模拟信号进行数字化处理，有时还需要去除噪声。特征提取模块要从经过数字化处理的输入信号中提取出对识别有用的特征。提取什么样的特征由输入和识别内容共同决定。通常，特征提取处理的输出是多个特征的组合，被称作特征向量。而识别模块要做的就是输入这个特征向量（或者特征向量的序列），然后输出识别结果的类别（或者类别的序列）。识别的时候，需要查询用训练数据预先生成的识别字典。

设定好的模式识别问题的难度不同，识别模块的结构也不尽相同（图 3.2）。

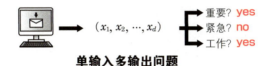

**图3.2** 模式识别问题的难度分类

模式识别中最基本的问题是针对单个输入（包含多个特征值的多元连续向量）输出一个类别的"单输入单输出问题"。文字识别和图像数据中的物体识别等都属于这类问题。

接着，是只把输入变成多个的"多输入单输出问题"。这类问题的处理方法根据输入是定长（输入的特征向量的数量是一定的）还是变长（输入的特征向量的数量会根据情况不同发生变化）会有所不同。对于定长输入，理论上如果把多个特征向量连接起来做成一个长的特征向量，该问题就变成了单输入单输出问题；而对于变长输入，可以按固定长度切分输入，再把每部分的处理结果整合到一起，或者也可以在识别处理中用循环来消除输入长度的差异。用心电图检测疾病、在视频中检测可疑行为等，都是变长输入处理。

相反，只把输出变成多个的"单输入多输出问题"，则会针对每个输出准备一个回答 yes 或 no 的二值分类器，这样就能把每个输出分支都当作一个"单输入单输出问题"来处理。例如给电子邮件添加"重要""紧急"或"工作"等标签，就属于这类问题。这称为多标签识别，有时还需要下些功夫，在输出标签之间添加出现概率的约束。

然后，最复杂的问题是输入和输出都是多个的"多输入多输出问题"。如果输入序列和输出序列之间有明确的对应关系，那么把单输入单输出的基本识别方法扩展一下就能应对。最简单的对应关系是输入和输出一一对应，给词序列标注名词、动词和助词等词性的问题就是这种对应关系的一个例子。但是，如果输入序列和输出序列之间没有明确对应关系（换句话说，就是无法根据输入长度确定其输出数量），就不能靠简单扩展单输入单输出的基本识别方法来解决了。这时就需要一种新的识别方法，能以输入和输出中任何一个的数量都会变化为前提进行识别。

语音识别就是多输入多输出，且输入序列和输出序列之间没有明确对应关系的问题。也就是说，它是模式识别中最复杂的一类问题。

## 3.2 统计模式识别的思路

刚起步就考虑最复杂问题的解决方法会很困难，所以我们从简单的问题开始逐步前行。在这里，我们首先从单输入单输出的模式识别开始，学习统计模式识别的基本思路。

模式识别的基本步骤如图3.1所示。特征提取模块从预处理模块读取到的输入信息中提取对模式识别有用的信息，并把这些信息以向量的形式组合成特征向量。我们把特征向量记为 $x$，其维数则记为 $d$。特征向量一般是作为列向量来处理的，可以用 $x = (x_1, \cdots, x_d)^T$ 来表示它的成分，其中 T 是转置符号。特征向量中的元素个数可以映射为多维空间的维数，这样的空间称为特征空间。这种特征向量形式的输入信息，与空间中的点相对应（图3.3）。一旦输入信号与特征空间上的点对应之后，识别对象的模式无论是语音还是图像，抑或是从宇宙中观测的信号，在后续处理中就都变得无关紧要了。

## 3.2 统计模式识别的思路

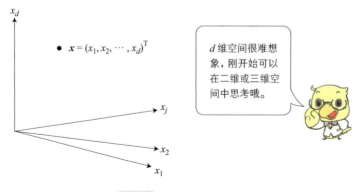

**图 3.3** 特征空间和特征向量

如公式 (3.1) 所示，统计模式识别的思路就是观测到特征向量 $x$ 时，求使条件概率 $P(\omega_i|x)$ 最大的类别 $\hat{\omega}$（图 3.4）[1],[2]。输出是 $c$ 个类别 $\{\omega_1, \cdots, \omega_c\}$ 中的一个。

$$\hat{\omega} = \arg\max_{\omega_i} P(\omega_i | x) \tag{3.1}$$

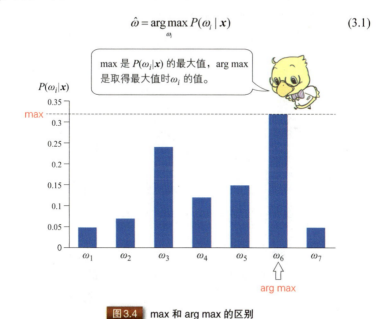

**图 3.4** max 和 arg max 的区别

---

[1] $P(A)$ 表示离散事件 $A$ 的发生概率。另外，后面会出现的 $p(x)$ 是定义在连续值 $x$ 上的概率密度函数。

[2] 符号 "^" 表示某个处理的推测结果，有不一定正确的微妙含意。

例如，我们来思考通过某个人体检的一些检测值来判断他是否患有某种疾病的二分类问题。在这样的问题设定中，患病的人，也就是适用于对象概念的人称为正例（positive）；没有患病的人，也就是不适用于对象概念的人称为负例（negative）。

现在，已知检测结果 $x$ = (检测值 $A$=56，检测值 $B$=22.1，检测值 $C$=131)，这时比较 $P(正|x)$ 和 $P(负|x)$ 的值，把大的一方当作判定结果。

使用很多数据来自动获得这个条件概率的方法就是所谓的机器学习。

一般来说，根据数据估计 $P($ 结论部分$|$条件部分$)$ 这种形式的条件概率时，先从数据中筛选出满足条件部分的数据，然后在筛选结果中计算满足结论部分的数据的频率，就能得到条件概率值。但是如上述体检结果那样，由于作为概率 $P(\omega_i|x)$ 条件部分的特征向量 $x$ 通常是多维连续值向量，所以不能期待在训练数据中会有多个数据和 $x$ 完全一致。也就是说，收集大量满足条件部分的数据不太现实。这样一来，根据数据频率来推测条件概率的值就几乎是不可能的了。

针对不能直接求得条件概率的问题，在统计模式识别中，有生成模型和判别模型这两种方法可以解决（图 3.5）。

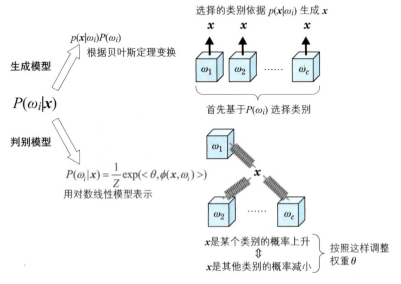

图 3.5　生成模型和判别模型

生成模型的解决方法是使用概率论中的贝叶斯定理对条件概率进行变换。贝叶斯定理如公式 (3.2) 所示（直观证明请参照图 3.6）。

$$P(A|B) = \frac{P(B|A)P(A)}{P(B)} \quad (3.2)$$

$P(A，B)$ 是事件 $A$ 和事件 $B$ 一起发生的概率，称为同时概率。

因为 $A$ 和 $B$ 都发生了，所以可以想成首先发生 $A$，在此条件下又发生了 $B$，或者反过来想也可以。

$$P(A, B) = P(A)P(B|A) = P(B)P(A|B)$$

图 3.6　贝叶斯定理的起源

把贝叶斯定理用到公式 (3.1) 中。

$$\begin{aligned}\hat{\omega} &= \arg\max_{\omega_i} P(\omega_i | \boldsymbol{x}) \\ &= \arg\max_{\omega_i} \frac{p(\boldsymbol{x}|\omega_i)P(\omega_i)}{p(\boldsymbol{x})} \\ &= \arg\max_{\omega_i} p(\boldsymbol{x}|\omega_i) P(\omega_i)\end{aligned} \quad (3.3)$$

公式 (3.3) 的最后一步之所以去掉了分母，是因为分母是与所求结果 $\omega_i$ 无关的常量。经过这一变换，虽然需要计算的概率增多了，但是 $p(\boldsymbol{x}|\omega_i)$ 是以离散值（类别）为条件部分的条件概率，$P(\omega_i)$ 又是类别的发生概率，所以与原先求 $P(\omega_i|\boldsymbol{x})$ 这个以连续值为条件部分的概率相比，问题简单了许多。

$P(\omega_i)$ 是输入给模式识别系统的特征向量 $\boldsymbol{x}$ 被观测以前就已知的值，所以称为先验概率。与之相对，根据观测特征向量 $\boldsymbol{x}$ 计算的条件概率

$P(\omega_i|x)$ 称为后验概率。另外，$p(x|\omega_i)$ 是给定类别 $\omega_i$ 后特征向量 $x$ 被观测到的最大可能性，称为似然度。

图 3.5 上半部分所示的方法，相当于是对"先根据先验概率 $P(\omega_i)$ 选择类别，再根据似然度 $p(x|\omega_i)$ 生成特征向量 $x$"这个过程进行建模，因此称作生成模型。

相对应地，图 3.5 下半部分所示的是判别模型，它使用对数线性模型来估计 $P(\omega_i|x)$ 的值。对数线性模型会设计若干个以观测值（特征向量的一部分）和类别（单词串）为参数的特征函数 $\phi$，然后从数据中训练出各个特征函数的权重 $\theta$，以使这些特征函数的加权和等于后验概率 $P(\omega_i|x)$ 的对数[1]。从更广义的角度来看，也可以将这种不需要构建概率模型，能够平衡不同类别训练数据且调整权重参数 $\theta$ 的方法统称为判别方法。

生成模型的训练是针对单个类别（与其他的类别无关）估计其似然函数，而在判别模型的训练中，某个类别的参数估计会受其他类别参数的估计结果影响（通过正则系数 $Z$），所以判别模型的训练是一个在多类别之间互相竞争的过程。

几年前，语音识别中的主流一直是生成模型，但是近几年经常能见到判别模型可使语音识别的性能得到提高的研究报告。对此有这样的解释：随着人类语音的发展演化，不同音素之间变得更容易区分了，所以"语音识别本来就是判别型任务"[11]。

## 3.3 生成模型的训练

生成模型的机制就是设计一个可以求得先验概率 $P(\omega_i)$ 和似然度 $p(x|\omega_i)$ 的概率模型，模型的参数从训练数据 $D=\{x_1,\cdots,x_n\}$ 中习得。

它的思路基于最大似然估计法。所谓最大似然估计法，就是训练模

---

① 为什么不让特征函数的加权和等于后验概率，而是让它等于后验概率的对数呢？理论上来说，如果让它等于后验概率的对数，就是在根据最大熵原理来推测其概率分布。关于最大熵原理，将在 3.4 节进行说明。

型参数 $\theta$,使得全体训练数据 $D$ 的似然度(也就是使用估计后的模型计算出来的训练数据的生成概率 $p(D;\theta)$[①] )最大(图 3.7)。

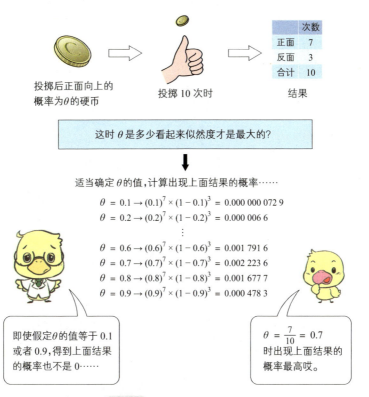

**图 3.7** 最大似然估计法的思路

对于先验概率 $P(\omega_i)$,用训练数据中类别 $\omega_i$ 的数据个数 $n_i$,除以训练数据总数 $n$,得到的结果就是根据最大似然估计法求得的各个类别的生成概率(公式 (3.4))。

$$P(\omega_i) = \frac{n_i}{n} \tag{3.4}$$

求似然度 $p(x|\omega_i)$ 的参数时,要先假定一个概率密度函数,然后再根据每个类别的训练数据进行估计(图 3.8)。

---

[①] $p(D;\theta)$ 是用分号来区分参数 $\theta$ 和概率变量 $D$ 的标记法。它表示其中的两部分都是变量。

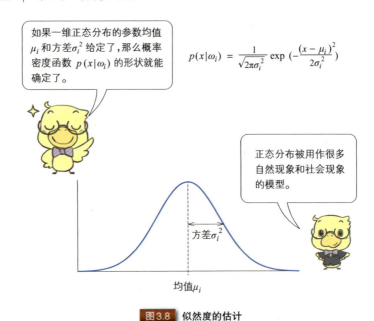

图3.8 似然度的估计

如果概率密度函数是一维的正态分布,那么其参数就是分布的均值 $\mu_i$ 和方差 $\sigma_i^2$;如果是多维的正态分布(图3.9),那么其参数就是分布的均值向量 $\boldsymbol{\mu}_i$ 和协方差矩阵 $\Sigma_i$。多维正态分布的定义如公式 (3.5) 所示,其中 $\Sigma_i^{-1}$ 表示协方差矩阵的逆矩阵。

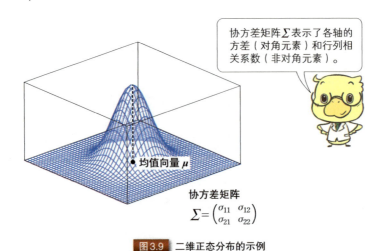

图3.9 二维正态分布的示例

## 3.3 生成模型的训练

$$p(\boldsymbol{x}|\omega_i) = \frac{1}{(2\pi)^{d/2}|\boldsymbol{\Sigma}_i|^{1/2}} \exp\{-\frac{1}{2}(\boldsymbol{x}-\boldsymbol{\mu}_i)^{\mathrm{T}}\boldsymbol{\Sigma}_i^{-1}(\boldsymbol{x}-\boldsymbol{\mu}_i)\} \quad (3.5)$$

如果把概率密度函数的参数统一用 $\theta$ 来表示，那么针对每个类别的训练数据 $D_i$，其似然度 $p(D;\theta)$ 就可以如公式 (3.6) 所示，用模型中各训练数据生成概率的乘积来求得。

$$p(D_i;\theta) = \prod_{\boldsymbol{x}\in\omega_i} p(\boldsymbol{x};\theta) \quad (3.6)$$

由于概率值是大于等于 0 且小于等于 1 的数，所以如果训练数据很多，其乘积就会变得很小，计算机求值就会变得很麻烦。因此，对公式 (3.6) 取对数得到对数似然度（公式 (3.7)），这样就能把乘法转变成加法，处理起来就简单多了。

$$\begin{aligned}\log p(D_i;\theta) &= \log \prod_{\boldsymbol{x}\in\omega_i} p(\boldsymbol{x};\theta) \\ &= \sum_{\boldsymbol{x}\in\omega_i} \log p(\boldsymbol{x};\theta)\end{aligned} \quad (3.7)$$

由于对数函数是单调递增函数，所以使公式 (3.6) 取得最大值的参数与使公式 (3.7) 取得最大值的参数是相同的。要想求使公式 (3.7) 取得最大值的参数 $\theta$，公式 (3.7) 的右边对 $\theta$ 求偏导数，令偏导数等于 0 并求解即可。求解得到分布的均值向量 $\boldsymbol{\mu}_i$ 和协方差矩阵 $\boldsymbol{\Sigma}_i$ 如下所示（推导见本章思考题 2）。

$$\boldsymbol{\mu}_i = \frac{1}{n_i}\sum_{\boldsymbol{x}\in\omega_i}\boldsymbol{x} \quad (3.8)$$

$$\boldsymbol{\Sigma}_i = \frac{1}{n_i}\sum_{\boldsymbol{x}\in\omega_i}(\boldsymbol{x}-\boldsymbol{\mu}_i)(\boldsymbol{x}-\boldsymbol{\mu}_i)^{\mathrm{T}} \quad (3.9)$$

也就是说，以类别为单位对训练数据集进行分割，再把分割后各类别中数据集合的均值向量和协方差矩阵当作该类别概率密度函数的参数，这就是似然函数的最大估计。

## 3.4 判别模型的训练

接着,我们来看看基于判别模型的训练。这里使用的判别模型是最大熵方法。为了使说明更简单,也为了可以将判别模型直接用于语音识别中,这里我们用离散值作为特征向量的值。

最大熵方法首先会设计特征函数 $\phi(\boldsymbol{x}, \omega_i) = (f_1(\boldsymbol{x}, \omega_i), \cdots, f_m(\boldsymbol{x}, \omega_i))$。其中对于 $f_1, \cdots, f_m$,当参数之间某种关系成立时值为 1,否则值为 0。例如 $f_1(x_j, y)$,我们可以像这样任意进行设定:只有当特征向量中表示句末音调(升调、平调或降调)的第 $j$ 维的值是"升调",并且句子类型的识别结果 $y$(叙述句、疑问句)是"疑问句"时,特征函数的值才等于 1,否则都等于 0。另外,计算公式 (3.10) 可得到后验概率 $P(\omega_i|\boldsymbol{x})$,为了使根据后验概率求得的数据似然度最大,需要调整特征函数的权重 $\theta$。其中,$Z$ 是用于使概率和等于 1 的归一化因子,$<a, b>$ 是向量的内积操作。

$$P(\omega_i | \boldsymbol{x}) = \frac{1}{Z} \exp(<\theta, \phi(\boldsymbol{x}, \omega_i)>) \tag{3.10}$$

接下来说明权重 $\theta$ 的调整过程。特征函数的值为 1 的比例(某类别数据的特征向量取某个特定值的比例)可以从训练数据中求出。有了这个比例,对于那些不能直接从数据求出的参数,就可以按照"使概率分布最分散"的原则进行调整。这个按照"使概率分布最分散"的原则进行调整的方法就称为最大熵方法。

用一个简单的例子来说明最大熵方法的应用。首先设定这样一个判别问题:语音识别的结果是否是一个疑问句。然后,假定特征函数 $f_1$(句末的语调上升, 疑问句) 和 $f_2$(识别结果的最后一个字是"吗", 疑问句)。另外,假设已从训练数据求出各特征函数等于 1 的比例是 1/4。请仅根据这些信息,推测出满足条件"句末的语调上升"且"识别结果的最后一个字是'吗'"的疑问句的概率 $r$(图 3.10)。

|  | "吗" | 无 |  |
|---|---|---|---|
| 升调 | $r$ | $\frac{1}{4}-r$ | $\frac{1}{4}$ |
| 无 | $\frac{1}{4}-r$ | $\frac{1}{2}+r$ | $\frac{3}{4}$ |
|  | $\frac{1}{4}$ | $\frac{3}{4}$ |  |

图 3.10　疑问句问题

根据定义可知 $r$ 的取值为 $0 \leqslant r \leqslant 1/4$，除此之外再没有其他已知信息。于是，我们来考虑公式 (3.11) 定义的熵 $H$。

$$H = -r\log r - 2(\frac{1}{4}-r)\log(\frac{1}{4}-r) - (\frac{1}{2}+r)\log(\frac{1}{2}+r) \tag{3.11}$$

能使 $H$ 最大的 $r$ 等于 1/16，它意味着 $f_1$ 和 $f_2$ 是不相关的（$r=1/4 \times 1/4$）。这是在没有任何关于二者的信息时能够得出的最自然的结果[①]。最大熵方法就是基于这个思路来调整后验概率中的权重。

## 3.5　统计语音识别的概要

在前面介绍的统计模式识别的基础上，我们来讲解统计语音识别的概要。

前面已经说过，语音识别是模式识别中最难的一类问题。但是，统计识别的框架本身与 3.2 节中讲解的单输入单输出的模式识别没什么两样。把输入特征向量序列记作 $X$，单词序列记作 $W$，统计语音识别就成了求使后验概率 $P$ 最大的单词序列 $\hat{W}$ 的问题，如公式 (3.12) 所示。

$$\hat{W} = \arg\max_{W} P(W|X) \tag{3.12}$$

我们也可以用噪声信道模型的思路（图 3.11）来理解公式 (3.12)。

---

① 信息论指出自然总是趋向于分散。——译者注

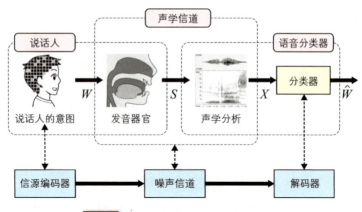

图3.11 噪声信道模型和语音识别的对应关系

噪声信道模型是信息通信中使用的模型。如图 3.11 下部所示,它由信源编码器、噪声信道和解码器构成。在信息通信中,我们要考虑如何把发送方的信息正确地传达给接收方。发送方会先用信源编码器把要发送的信息转换成信道可以传送的形式(例如电压高低信号),然后再发送出去。如果接收方能收到正确的信号,那么直接解码即可。但是信道是有噪声(noise)的,因此一部分信息可能会变形。这种情况下,接收方就要从收到的信息中复原出最可能正确的信息。这就是信息通信中噪声信道模型的思路。

如果将这种思路应用于语音识别,那么语音识别就可以看成这样一种问题:作为听话人一方的语音识别器,如何才能正确复原说话人大脑中"想要表达的单词序列"。与信道中混入噪声一样,发音器官的个体差异引起的语音信号的波动,以及在空气传送过程中混入的声音等,也都可以看作噪声。从混入噪声的语音 $S$ 中求得最可能正确的单词序列 $\hat{W}$,就是语音识别器的职责。而分析语音 $S$,从中获取特征 $X$,并以此为基础求解单词序列 $\hat{W}$ 的方法,就是本章介绍的统计识别方法。

要想计算公式 (3.12) 右边的 $P(W|X)$,需要创建模型。创建方法有基于生成模型和基于判别模型这两种。

语音识别很少会直接使用基于判别模型的方法,所以后面的说明主要针对基于生成模型的方法[①]。

在基于生成模型的方法中，会使用贝叶斯定理让公式 (3.12) 变为公式 (3.13)。

$$\begin{aligned}\hat{W} &= \arg\max_{W} P(W\mid X) \\ &= \arg\max_{W} p(X\mid W) P(W)\end{aligned} \quad (3.13)$$

以下称 $p(X|W)$ 为声学模型，称 $P(W)$ 为语言模型。声学模型是对"某个单词的发音概率"进行建模，而语言模型是对"在特定的语言中某个单词序列的出现概率"进行建模。

这样一来，统计语音识别的问题就可以分割成三个子问题：求声学模型 $p(X|W)$，求语言模型 $P(W)$，以及如何搜索出使它们乘积最大的 $\hat{W}$（图 3.12）。一旦理解了这三个问题和它们的解法，就能理解统计语音识别的基本内容了。

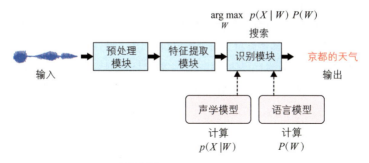

**图 3.12** 语音识别系统的结构

如果这里能直接使用生成模型的训练方法就好了，但是很遗憾，这行不通。声学模型的计算虽然对应 3.3 节讲过的似然度计算方法（或者训练方法），但是对于长度不确定的输入，又该用什么计算方法才能得到其似然度（或者用什么计算方法来训练参数）呢？

再者，语言模型的计算虽然对应之前介绍的先验概率，但如果输入是连续语音，那么作为求先验概率的对象，单词序列 $W$ 会有无数种可

---

① 在语音识别中，判别模型用在语言模型或语义理解模型的训练中。另外，声学模型的训练中也有用判别式方法进行训练的情况。

能。这与尝试事先限定人类可能会说出的所有句子一样，是不可能做到的。对于有无数个元素的集合，我们该如何定义集合中元素的概率呢？而且，若是结果也有无数种可能，我们又该如何从中找到似然度和先验概率的乘积最大的那个呢？

问题很多，我们将从第 6 章开始逐一解决。

## 3.6 总结

本章说明了统计模式识别的基本思路。所谓统计模式识别，就是当给定了作为输入的特征向量时，把使得后验概率最大的类别作为识别结果的方法。根据贝叶斯定理，使得后验概率最大的类别，与使得似然度和先验概率乘积最大的类别是一致的。从训练数据中估计这个似然度和先验概率的方法，就是基于生成模型的机器学习。

如果想更加详细地学习模式识别的相关知识，推荐石井健一郎等人编写的教科书 [8] 和平井有三所写的教科书 [9]。另外，关于在统计机器学习中如何使用能够直接估计后验概率的判别模型，杉山将所写的教科书 [10] 中有详细的解说。最后，河原达也的报告 [11] 对语音识别中训练的演化过程进行了简洁的汇总。

❶ 一维正态分布的公式如下所示。请利用它推导出求解一维训练数据 $D = \{x_1, \cdots, x_n\}$ 的对数似然度的公式。

$$p(x) = \frac{1}{\sqrt{2\pi\sigma^2}} \exp(-\frac{(x-\mu)^2}{2\sigma^2})$$

❷ 使用问题 ❶ 中求得的对数似然度，对参数 $\mu$ 和 $\sigma^2$ 求偏导数并令其等于 0，以此来证明公式 (3.8) 和公式 (3.9) 的计算结果是最大似然估计。

❸ 验证使公式 (3.11) 取最大值的 $r$ 等于 1/16。

图解语音识别

第 **4** 章

# 有限状态自动机

语音识别是模式识别中最难的一类问题,它要根据输入序列(特征向量串)的长度来输出唯一的不定长序列(单词串)。为了解决这个问题,我们需要学习序列处理工具的使用方法,而这个工具就是自动机。

## 4.1　什么是有限状态自动机

　　有限状态自动机是对有状态机械系统的行为进行建模时使用的理论模型。它会通过有限个状态和状态之间的迁移来描述机械系统的行为。

　　比如，用有限状态自动机对带有一个按钮且按压按钮后就会按照"关"→"强"→"弱"→"关"的顺序切换状态的吸尘器进行建模，模型会如图 4.1 所示。

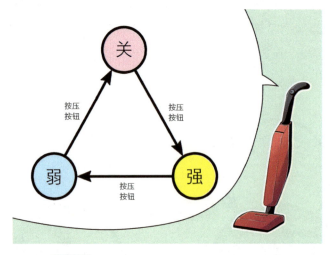

**图 4.1**　表示简单机械行为的有限状态自动机的示例

　　在上面吸尘器的例子中，按压按钮就会改变状态。我们把"按压按钮"看作输入，有多个按钮的机械就有多个输入。也就是说，可以认为自动机是根据输入来改变状态的理论模型。

　　有限状态自动机在形式上是通过以下要素定义的。

1. $\Sigma$：输入符号的集合。
2. $Q$：状态的集合。
3. $I \subseteq Q$：初始状态的集合（$Q$ 的子集）。
4. $F \subseteq Q$：最终状态的集合（$Q$ 的子集）。
5. $E \subseteq Q \times \Sigma \times Q$：状态迁移规则的集合 [ 笛卡儿积（状态 × 输入符

号 × 状态）的集合 ]。

为简单起见，这里姑且假定初始状态只有 1 个，最终状态至少有 1 个，有时会有多个。

这样的自动机称为 FSA（Finite State Acceptor，有限状态接收器），负责判断是否接收给定的输入符号串。在初始状态下输入符号串后，如果与输入符号相对应的状态迁移规则已有定义，那么 FSA 就会根据该规则进行状态迁移。如果到达最后一个输入符号并判断当前状态为最终状态，那么该输入符号串就会被接收；如果在某个状态下输入了状态迁移规则中没有定义的符号，或者输入符号串在最终状态以外的其他状态下结束了，那么该输入符号串就不会被接收。

例如，使用简化的汉语语法来判断输入的词性串是否符合语法的 FSA，可如下定义。

1. $\Sigma$ = { 形容词，名词，助词，动词 }
2. $Q$ = { 0, 1, 2, 3, 4 }
3. $I$ = { 0 }
4. $F$ = { 4 }
5. $E$ = { (0, 名词, 1), (0, 形容词, 2), (0, 名词, 4), (1, 助词, 0), (2, 助词, 3), (3, 动词, 0) }

如果把这个 FSA 画成图，就会如图 4.2 所示。圆圈表示状态，状态也称为节点。粗线的圆圈是初始状态，双线圆圈是最终状态。箭头表示迁移规则，箭头上的标签是输入符号。表示状态迁移规则的箭头，也称为弧。通过箭头所表达的迁移规则的含义是：当处于箭头尾端的状态时，如果下一个输入符号恰好与箭头标签一致，那么就向该箭头所指向的目标状态迁移。

这个 FSA 所表达的语法要求词或短语重复 1 次以上，并且最后的词是名词时才会被接收。词或短语是以下 3 种情况中的任意一种：名词 + 助词，形容词 + 助词 + 动词，名词。

图 4.2 的 FSA 中，在各个状态下输入的符号如果是合法的，那么迁移目标的状态就是唯一确定的。这样的自动机称作确定自动机。

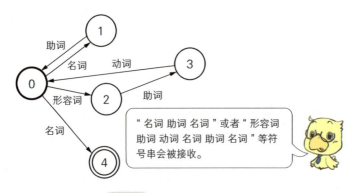

**图 4.2** 表示简化汉语语法的 FSA

　　如果想要接收只由名词构成的短语，那么只要允许在不输入任何符号的情况下也能从状态 1 返回到状态 0，就可以实现助词的省略。这种没有输入的迁移，可以用表示空字符串的符号 $\epsilon$ 来表示（图 4.3）。

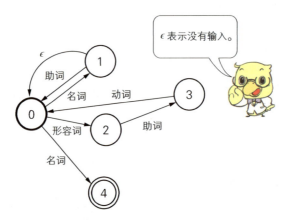

**图 4.3** 包含无输入迁移规则的 FSA

　　在图 4.3 的自动机中，如果在状态 0 时输入名词，会迁移到状态 1。状态 1 有一条弧可以经过空字符串 $\epsilon$ 迁移到状态 0。无输入的迁移意味着在没有输入的情况下，留在状态 1 也可以，迁移到状态 0 也可以。因此，若在状态 0 时输入名词，那么下一个状态或者是 0 或者是 1，其状态并不唯一。像这样，在某个状态下某种输入可能引出的目标迁移状态有多个的自动机称为非确定自动机。因为同一个输入符号可以从某个状态迁移到不同的目标状态，这就产生了不确定性，所以才叫作"非确定"。出现无输入符号 $\epsilon$ 的自动机一定是非确定自动机。

## 4.2 用有限状态自动机表达的语言

如图 4.2 的例子所示，自动机把输入符号串区分为可接收的和不可接收的。如果使用这个功能，那么对于任意输入序列，就都可以区别出其是否符合自动机的规则。这里，我们把符合自动机规则的序列称为语言。

构成语言的单位一般被称为字母，字母的集合用 $\Sigma$ 来表示。如果用自动机来表达语言，那么字母集合 $\Sigma$ 就是自动机的输入符号集合。通常来说，字母应该对应着语言中的文字，不过如果语法是像图 4.2 所示的情况，那么把单词或词性当作字母也没有问题。

但是，实际上 FSA 并不能表达汉语或日语这样复杂的语言。语言的结构越复杂，用来判定是否接收输入的自动机的功能也会越复杂。

可以用 FSA 判断接收与否的语言称为正则语言。正则语言的定义如下所示[1]。

1. $\emptyset$（空集）是正则语言。

2. 对所有的 $\alpha \in (\Sigma \cup \epsilon)$，$\{\alpha\}$ 是正则语言（$\epsilon$ 为空字符串）。

3. 如果 $\alpha$ 和 $\beta$ 是正则语言，那么下面的也是正则语言。

    (a) 连接 $\alpha \cdot \beta = \{xy | x \in \alpha, y \in \beta\}$

    (b) 选择 $\alpha | \beta$

    (c) 重复 $\alpha^*$

4. 除此之外的不是正则语言。

第 1 条规则正如其字面所述，意思就是"空集可看作正则语言"。第 2 条规则说的是"字母元素或空字符串（长度是 0 的字母串）作为单一元素所构成的集合也可看作正则语言"。第 3 条规则说的是，对已经

---

[1] ∪ 是取集合并集的计算符号。另外，∈ 表示左边是右边集合的元素。

看作正则语言的两个集合 α 和 β，以下 3 种集合都可看作正则语言：(a) 从 α 和 β 中逐一取出元素，并将它们按顺序排列在一起的集合；(b)α 和 β 的并集；(c) 重复 α 的元素 0 次以上的集合。

根据这个正则语言的定义生成的规则，称为正则表达式。例如，给定了字母集合 $\Sigma = \{a, b, c\}$，那么"$a^*(b|c)$"这个正则表达式就可以用来描述规则为" $a$ 重复 0 次以上，以 $b$ 或 $c$ 结束 "的字符串集合。这里的"*"表示重复 0 次以上，"|"表示并集。

那么，我们就来验证一下正则语言的定义是否与 FSA 相对应。

首先，第 1 条和第 2 条规则可以用图 4.4 来表达。从图中可知，左侧的字母集合与右侧自动机可接收的字母串的集合是相等的。

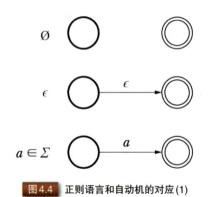

**图 4.4** 正则语言和自动机的对应(1)

然后，第 3 条规则的 (a)~(c) 都可以用图 4.5 来表达。浅蓝色的椭圆中是任意的正则语言结构，因此只要对这些规则进行递归循环使用，无论多么复杂的正则语言，就都可以用 FSA 来表达了。

由此可知，正则表达式可以转换成与之等价的自动机。

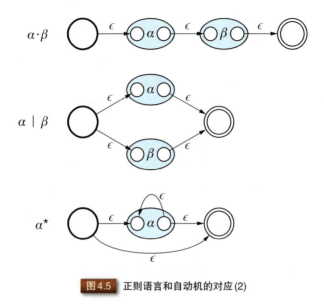

图4.5 正则语言和自动机的对应(2)

## 4.3 各种各样的有限状态自动机

前面说明的 FSA 是判断是否接收输入符号的机械装置。接下来，我们将对 FSA 的功能进行扩展。

有限状态自动机可以分为两类，一类只能接收特定的输入符号序列，另一类还可以把输入符号序列转换成输出符号序列。我们把第一类称为接收器（acceptor），第二类称为转换器（transducer）。

另外，针对两个分类各自的处理，还可以根据是否考虑权重进行再分类。权重也可以认为是概率。

下面，我们来考虑输入/输出和权重的不同组合。

### 4.3.1 FSA

最简单的有限状态自动机是不考虑权重的接收器，也就是 FSA。如果使用 4.1 节中的符号来描述，那么由 $\{\Sigma, Q, I, F, E\}$ 构成的自动机就是 FSA。

FSA 的弧上标有输入符号的信息，根据这些符号不断进行状态迁移，就可以判定是否接收特定的符号串。例如图 4.6 中的 FSA，它可以接收正则表达式 $a(ab)^*(a|c)c^*b$ 所代表的字符串 $aacb$、$aabccb$ 等。

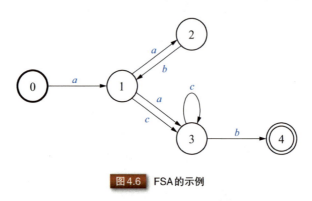

图 4.6　FSA 的示例

### 4.3.2　WFSA

接下来，我们来看看带有权重的接收器 WFSA（Weighted Finite State Acceptor，加权有限状态接收器）。WFSA 的弧上标注了"输入符号/权重"，根据这些信息可以判断是否接收特定的符号串。接收时，要把迁移路径上的权重连乘，计算输入符号串的权重。得到的权重可以当作该输入对应的概率。如果把权重的集合记作 $K^2$，那么 WFSA 就可以对照 FSA，把迁移规则变成 $E \subseteq Q \times \Sigma \times K \times Q$，再将初始状态的权重记作 $\lambda$、最终状态的权重记作 $\rho$，它就成了由 $\{\Sigma, Q, I, F, E, \lambda, \rho\}$ 构成的自动机。

例如在图 4.7 所示的 WFSA 中，输入符号串 $accb$，除了"接收"这个判断结果，还会输出权重 $0.5 \times 0.5 \times 0.1 \times 0.2 \times 0.3 \times 0.4 = 0.0006$。

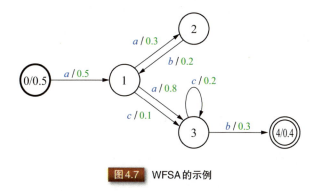

图 4.7　WFSA 的示例

### 4.3.3　FST

我们再来看看不带权重的转换器。FST（Finite State Transducer，有限状态转换器）是弧上标注了"输入：输出"的信息转换器。输出符号的集合记为 $\Delta$，迁移规则记为 $E \subseteq Q \times \Sigma \times \Delta \times Q$，那么由 $\{\Sigma, \Delta, Q, I, F, E\}$ 构成的自动机就是 FST。

例如在图 4.8 所示的 FST 中，如果输入符号串 $aacb$，就会输出 $xxyz$；如果输入 $acb$，就会输出 $xz$。符号串输入结束时处于最终状态就代表该输入可以被接收，所以输入满足这个规则的 $acb$，就会按照 $0 \to 1 \to 3 \to 4$ 的顺序进行状态迁移。因为迁移路径 $1 \to 3$ 的输出符号是空字符串 $\epsilon$，所以这一步迁移没有任何输出。这就导致输出符号串比输入符号串短。相反，对于一个输入符号，也可以输出长度等于 2 或更长的输出符号串，因此输出符号串也可以比输入符号串更长。这样一来，在 FST 中就没有输入符号串与输出符号串必须长度一致这个限制了。

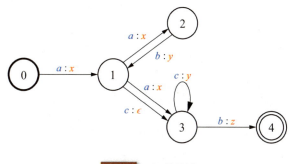

图 4.8　FST 的示例

另外，在某个状态下还可以为同一个输入分配不同的输出，使之具有不确定性。这样，对于相同的输入符号串，就可以输出不同的输出符号串了。

### 4.3.4　WFST

WFST（Weighted Finite State Transducer，加权有限状态转换器）是弧上标注了"输入：输出 / 权重"的信息转换器（图 4.9）。在 WFSA 的基础上添加输出符号集合 $\Delta$，迁移规则记为 $E \subseteq Q \times \Sigma \times \Delta \times K \times Q$，由 $\{\Sigma, \Delta, Q, I, F, E, \lambda, \rho\}$ 构成的自动机就是 WFST。

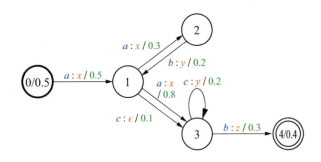

**图 4.9**　WFST 的示例

如果在图 4.9 所示的 WFST 中输入 *aabacb*，按照 $0 \to 1 \to 2 \to 1 \to 3 \to 3 \to 4$ 的顺序进行状态迁移，就会在输出 *xxyxyz* 的同时，还输出权重 $0.5 \times 0.5 \times 0.3 \times 0.2 \times 0.8 \times 0.2 \times 0.3 \times 0.4 = 0.000\,288$。

就像这样，我们可以把 WFST 看作对输入符号进行转换，并且输出相应权重的有限状态自动机。WFST 在序列的模式识别中会发挥出巨大的作用。

## 4.4　有限状态自动机的性质

最后，我们来了解有限状态自动机的几个性质。

上一节介绍了带有输出的自动机。它们的输出由当前状态和输入来决定,这样的自动机称为 Mealy 型自动机。与之相对,输出只由当前状态来决定的自动机称为 Moore 型自动机。Mealy 型自动机和 Moore 型自动机的区别如图 4.10 所示。

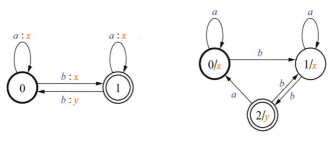

(a) Mealy 型自动机　　　　(b) Moore 型自动机

图 4.10　Mealy 型自动机 和 Moore 型自动机

Mealy 型自动机和 Moore 型自动机可以相互转换。本书后面的章节会根据序列处理模型的不同,区分使用这两种自动机。

另外,目前已经知道有限状态自动机有如下性质。

- 非确定自动机可以转换为确定自动机(确定化)[1]。
- 确定自动机在不改变功能的前提下,可以转换为状态数最小的自动机(最小化)。

这些性质的具体实现步骤将在第 10 章说明,确定化和最小化功能在使用了 WFST 的语音识别加速中贡献非常大。

## 4.5　总结

本章对信息科学的基础知识——有限状态自动机进行了说明。自动机是处理序列数据的强大工具。最基本的有限状态自动机是 FSA,它根

---

[1] 严格来说,要想使 FSA 以外的自动机能够确定化,需要在自动机的结构中附加条件(参照 [13])。

据状态迁移规则来判断是否接收输入符号序列。在 FSA 的基础上加上权重和输出序列，就可以构成更复杂的自动机。另外，有限状态自动机的数学性质已经被证明，对其进行确定化和最小化的实现步骤也是已知的。

如果想从基础开始仔细地学习有限状态自动机，可以参考霍普克罗夫特（John E. Hopcroft）等人的经典著作 [12]。如果想要更高效地理解和语音识别相关的部分，推荐堀贵明等人的专业著作 [13]。

❶ 如果把 FSA 看作映射，那么它就相当于实现了 $\Sigma^* \to \{0, 1\}$。其中，0 代表不接收，1 代表接收。请回答，此时 WFSA、FST 和 WFST 分别实现了什么样的映射。

图解语音识别

第 **5** 章

# 语音特征的提取

在本章中,我们将基于在第 2 章学过的语音学知识,来思考要从语音信号中提取什么样的特征,以及如何提取才能够对语音进行识别。

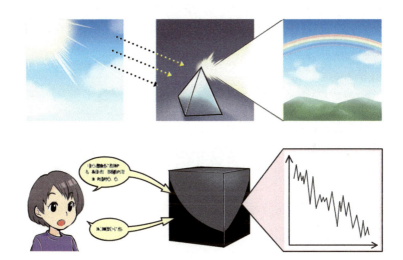

## 5.1 特征提取的步骤

语音识别是模式识别的一个分支。基本的模式识别方法分两阶段完成：第一阶段是从输入的声音或图像等数据中提取特征作为多维向量，第二阶段是确定如何把多维向量特征分类到既定的类别中去。

对于第二阶段的分类问题，已经形成了不依赖于输入数据种类的理论方法。近年来，基于第 3 章中说明的统计学习理论的分类方法成为了主流[①]。

在本章中，我们将学习第一阶段，即从语音信号中提取特征的处理。首先要考虑的是，应该提取什么样的信息作为特征比较合适。

基于 2.2 节讲解的发音语音学的知识，我们先对语音的形成过程进行建模。最简单的方法是将浊音/清音的声源与使其频率发生变化的滤波器进行组合，这样就能构成如图 5.1 所示的语音生成模型。我们把这个模型称为语音生成过程的线性分离等价电路模型。

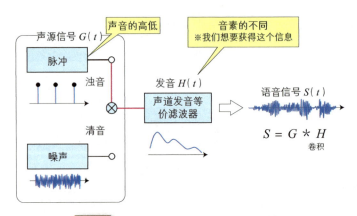

**图5.1** 语音生成过程的线性分离等价电路模型

语音是通过声道形状的变化产生的，所以我们想要获得的是，在语音产生的过程中声道形状是如何变化的。用图 5.1 来说，就是想要知道

---

① 在 7.3 节将要说明的深度学习从 2010 年左右开始逐渐被广泛应用，它把提取什么样的特征也作为学习的对象。

声道发音等价滤波器 $H$ 随时间变化的情况。

然而，我们观察到的语音信号 $S$ 是由声源信号 $G$ 与滤波器 $H$ 进行卷积的结果。所谓卷积，就是随时间变化的声源函数 $G(t)$ 在沿时间轴 $t$ 移动的同时，与同样随时间变化的声道函数 $H(t)$ 进行叠加的一种运算。通过卷积运算可以得到复杂的语音波形。我们要从这个复杂的语音波形 $S$ 中提取出声道函数 $H$ 的特性，提取过程如图 5.2 所示。

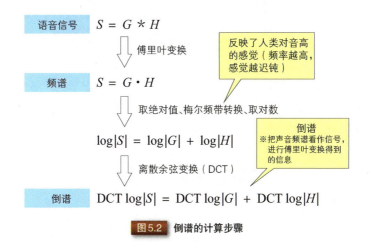

图5.2　倒谱的计算步骤

语音信号经过傅里叶变换后，根据卷积定理，其中的卷积运算可以转换为乘法运算。然后，对变换结果取对数，乘法运算又可以变为加法运算。即便如此，音源信号 $G$ 和声道信号 $H$ 仍然是结合在一起的，但随后对信号施加离散余弦变换，就可以把各个频率成分分离开来。经过这些处理得到的信息称为倒谱（倒频谱）。

在倒谱中，变化缓慢的声道信号出现在低频部分，变化细微的声源信号出现在高频部分。只要能够提取出低频部分，就可以分离出声道的性质。从倒谱中提取出的低频部分就是 MFCC（Mel-Frequency Cepstral Coefficients，梅尔频率倒谱系数）。MFCC 是语音识别最基本的特征量，用 MFCC 减去一定时间范围内的倒谱均值（Cepstrum Mean Subtraction，CMS），就可以简单实现噪声去除和信号传输的失真矫正，因此很多语音识别系统中会使用 MFCC。

上述语音识别中的特征提取过程如图 5.3 所示。

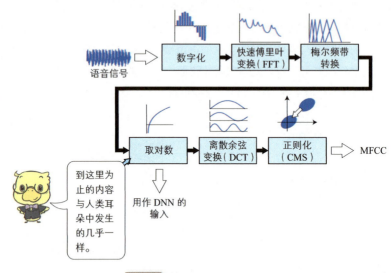

**图5.3** 语音特征量的计算步骤

只看图 5.3 可能会觉得处理步骤非常复杂，但简要来说，就是卷积滤波器的特性——MFCC 可以通过对语音信号进行某种减法运算来求得。

另外，通过近几年流行的深度神经网络（Deep Neural Network，DNN）技术，语音识别可以对语音频谱进行梅尔频带转换再取对数，然后将结果作为特征量来使用。这一段处理对应着人耳内的处理过程，而在人脑中的后续处理可以看作由神经网络代行的。

接下来，我们一起来看一下图 5.3 中这些处理的具体步骤。

## 5.2 语音信号的数字化

作为识别对象的语音信号是连续的模拟信号。在模式识别中，由于要把这个信号读入计算机后才能进行识别处理，所以首先要把模拟信号转换成数字信号。

像语音信号这样，值会随时间变化的一维波形需要事先定好按照多大的时间间隔来截取数据，截取的波形的值按照什么样的精细程度来表达等问题。对连续时间进行离散化处理的过程称为采样，对连续的幅度值进行离散化处理的过程称为量化（图 5.4）。

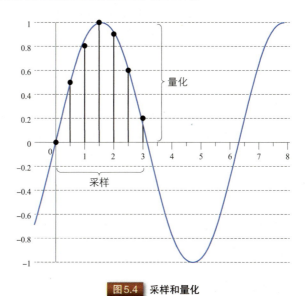

**图5.4** 采样和量化

采样时，要确定每秒取多少个点，也就是采样率。采样率越高，原始信号数字化结果的精度就越高。不过基于人类的可听范围，可以推导出采样率的上限。在波形信号的采样处理中，有一个采样定理，即"如果把原始波形包含的所有频率中最高的频率记为 $f$，那么以 $2f$ 以上的频率进行采样就可以完全再现原始波形"。

在语音信号中会有人类听不到的高频信号。当然，这部分信息在语音识别中是不需要的。我们在第 2 章中说过，人类的听觉范围大约是 20 Hz~20 kHz，对音素识别有用的是 10 kHz 以下的信息。再者，由于有效的信息都集中在低频部分，所以多数语音识别系统会使用 16 kHz 的采样率（根据采样定理，这样就完全保存了 8 kHz 以下的信号）[1]。

另外，确定量化数的时候，也以人类的听觉能力为基准。声强以人

---

[1] 顺便说一下，音乐 CD 使用 44.1 kHz 采样率，覆盖了人类听觉的全部范围。

类能够听到的最小声压 20 μPa 为基准，所有声强都是这个基准的倍数。在第 2 章中我们也说过，人类能够听到的声音中，最大声音的大小是最小声音的 100 万倍。如果按照这个比例来表示声音强度，那么就会因为数值过大而难以处理。因此，通常声压等于 $p[\mu Pa]$ 的声音用公式 (5.1) 所示的声压级 $G$ 来表示，声压级的单位是 dB（分贝）。

$$G = 20\log_{10}\frac{p}{20} \tag{5.1}$$

如果用声压级来表示人类听觉上限的声音，大概是 120 dB。这与喷气式飞机引擎轰鸣时的声音相当，因此不在语音识别的对象范围内。游戏厅或者嘈杂的工厂内的声音大概在 90 dB，我们的目标是能够覆盖这个程度的声压级。另一方面，如果将振幅值数字化，1 比特可以表示 2 倍的基准声强，8 比特可以表示 256 倍的基准声强，16 比特可以表示 65 536 倍的基准声强。因为 $20\times\log_{10}65536=96$，所以使用 16 比特进行量化处理，就可以表示最高 96 dB 的声压级，这个值基本可以覆盖日常生活中人类所能听到的声音。

另外，在语音的数字化处理阶段要对信号的高频部分进行强化处理。当频率扩大 2 倍时，语音中包含的各个频率成分的振幅就会减半。因此，频率越高，频率成分就越难从语音中提取出来。为了避免提取处理变得困难，可将公式 (5.2) 所示的预加重滤波器作用在原始信号上，以此来强化高频成分。

$$S'(n) = S(n) - pS(n-1) \tag{5.2}$$

其中，$p$ 是预加重系数，用于语音识别时，大多取 $p$ = 0.97。另外，因为这是对数字化后的信号进行的处理，所以在用坐标表示时，横轴不是时间 $t$ 而是离散值 $n$。这个公式的意思是，如果某个信号当前样本的值，与前一个样本的值相比发生了很大的变化，就说明当前样本是高频成分，需要把它保留下来；相反，如果值的变化很小，就说明是低频成分，需要减小它的值。这样一来，相对低频成分，高频成分的振幅就得到了强化。同样的处理也会发生在人耳的外耳道中。

这样一来，我们就能够按照人类的听觉特性，完成对模拟信号的数字化处理。

## 5.3 人类听觉模拟——频谱分析

接下来,我们要对数字化处理后的语音信号进行频谱分析。为了进行频谱分析,需要取出一定长度区间的信号,将其看作平稳信号并分析其中包含的信号成分。

但是,如果直接把波形切分成小段,信号在分段的两端就会突然变成 0,这样就会出现原始波形所没有的性质。因此我们在分段时,要取大于目标长度的范围,对该范围使用向分段两端逐渐衰减的滤波器进行过滤,这样就可以避免产生突变成 0 的点。这个操作称为"加时间窗"或"加窗"。通常,时间窗口的宽度取 25 ms,并让它沿时间轴每 10 ms 做一次平移(图 5.5)。经过这样的精巧设计,让作为分析对象的信号具有某种程度的重叠,从而使信号的变化不会在窗口交替时突然消失。这样的处理称为分帧,窗口宽度称为帧长,窗口平移幅度称为帧周期。

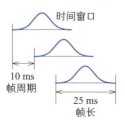

**图5.5** 语音信号的分帧处理

然后,对经过分帧处理的语音信号再实施傅里叶变换,就可以计算其频率成分了。

语音由基本频率的谐波的加权和构成。将时间轴信号转换成多个单一频率信号的叠加,从而把同一信号从用时间轴转换成用频率轴表示的处理,就是傅里叶变换(参照 2.3.2 节)。

由于信号是经过数字化处理的离散值,所以要实行离散快速傅里叶变换。变换得到的结果是复数频谱,计算复数频谱的绝对值(实部和虚部的平方和再开方），就得到了如图 5.6 所示的能量谱。

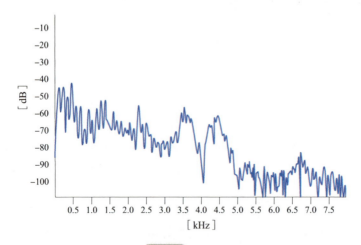

图5.6 能量谱

接下来，需要把声源信息和声道信息剥离开。不过，在此之前我们来进行一个精巧的设计。之前的介绍中曾多次提及，对语音信号进行分析的目的，并不是获取纯粹的物理信息，而是获取一种与人类听觉机制近似的信息。虽然人类是通过耳蜗内鼓膜的振动来感知声音频率的，但是感知振动的毛细胞是按照各自能够感知的频率范围来排列的，因此准确来说，听觉系统感知的不是特定频率的声音，而是特定频域范围内的声音的高低。另外，听觉系统感知到的这个频域范围的宽度，会随着频率的升高而越来越宽。也就是说，对于低频声音，哪怕有很小的频率高低变化也可以感觉得到，但是对于高频声音，没有达到一定程度的频率高低变化，耳朵是听不出来的。

用于把人类对声音高低变化的感知程度进行定量化表示的，称为梅尔刻度。按照梅尔刻度对能量谱的数据进行测量，观测出每个梅尔刻度单位区间的数据，再通过滤波器组处理（filter bank）对附近的数据取平均，得到的结果就很接近人类所感知到的频率信息了。

在语音识别中，针对到 8 kHz 为止的有效频率范围，通常会设定

$L$ 个[①]如图 5.7 所示的滤波器。然后，使用公式 (5.3) 计算梅尔滤波器组。这里 $m(l)$ 是第 $l$ 个梅尔滤波器的值，$W(k;l)$ 是图 5.7 所示的三角窗函数，$|S(k)|$ 表示能量谱，$k$ 是频率。

$$m(l) = \sum_{k} W(k;l) \cdot |S(k)| \quad (l=1,\cdots,L) \tag{5.3}$$

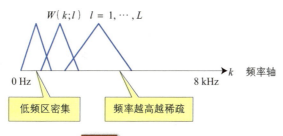

图 5.7　梅尔滤波器组处理

此外，在第 2 章也阐述过，因为人类的知觉是对数刻度的，所以最后需要对梅尔频带谱取对数。上述这些处理均与人耳中的处理相对应。

## 5.4　另一个精巧设计——倒谱分析

通过前面的处理，我们可以采用与人类听觉相对应的方法，来获取声音的频率成分信息。但是，在这些频率成分中，声源信息和声道信息仍然是混杂在一起的。

请看一下上一节的图 5.6，哪里是第一个山峰，哪里是下一个山峰，是不是很难看出来？究其原因，我们用展示了能量谱产生过程的图 5.8 来进行说明。

能量谱的各种细微性质是由声源信号产生的，而频谱轮廓的变化是由声道发音等价滤波器的传递特性所产生的。我们在第 2 章中说过，语音是将声带发出的声源，通过声道滤波器改变其共振频率所产生的。生成的语音信号 $S$，可以看作进行了"声源信号 $G$ 在沿时间轴平移的同

---

① 通常 $L=24$。

时，与声道发音等价滤波器的传递函数 $H$ 相叠加"这样的卷积运算后所得到的结果。

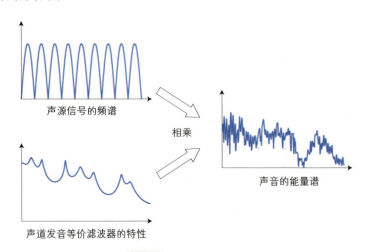

图5.8 能量谱的产生过程

根据上一节的说明，对语音信号进行傅里叶变换，就可以把卷积运算转换成乘法运算（卷积定理）。然后，使用梅尔滤波器组将信号转换成梅尔频带谱，再对结果取对数，就把乘法运算转换成加法运算了。

经过取对数的梅尔频带谱的值，在经过梅尔滤波器组处理后就变成了离散值。之后，对结果施加如公式 (5.4) 所示的离散余弦变换，就可以进一步分解频率成分。

$$C(i) = \sqrt{\frac{2}{L}} \sum_{l=1}^{L} \log m(l) \cdot \cos\{(l-\frac{1}{2})\frac{i\pi}{L}\} \qquad (5.4)$$

经过这样的处理后得到的信息称为倒谱（cepstrum）[①]。这是语音分析领域的自创词，由频谱（spectrum）的前 4 个字母翻转得来。计算倒谱的目的是把能量谱重新看作时域波形，对其进行成分分析。按照上述步骤得到的语音信号的倒谱如图 5.9 所示。

---

① 与梅尔频带谱相对应的倒谱称为梅尔倒谱。

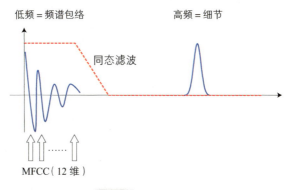

**图5.9** MFCC 的提取

频谱包络相当于声道发音等价滤波器的传递特性 $H$，频谱的细节相当于声源信号 $G$，而倒谱的目的就是将二者分离出来。因此，用同态滤波消除高频信息，就可以得到音素识别中所需的 $H$ 的信息了。频谱包络也可以还原成频谱，不过这两种方式表达的都是同一个信息，所以可以直接用频谱包络从低频开始顺序取 12 维信息，将其作为该信号区间的语音信号特征。这个特征就是梅尔频率倒谱系数 MFCC。

在这里得到的 MFCC 的值是经过离散余弦变换的结果，所以各个成分是相互独立的。值的各成分相互独立，即它们是不相关的这个性质，在 HMM 声学模型的得分计算或 HMM 的训练（第 6 章）中是非常有利的。

这里的 MFCC 与某一帧信号的频谱的轮廓信息是一致的，所以在元音的识别中，可以直接使用。

相对地，辅音的特征反映的是频谱的变化，所以还需要获取 MFCC 变化的信息。因此，根据当前帧的 MFCC 值和前后两帧的 MFCC 值所得到的"MFCC 的变化量"，才能作为辅音的特征量（图 5.10）。这个特征量称为 ΔMFCC。

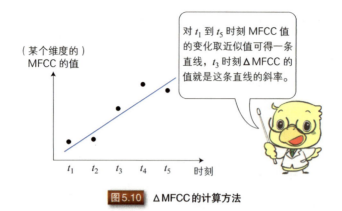

图5.10 ΔMFCC的计算方法

ΔMFCC 的变化量可用同样的方法计算，结果称为 ΔΔMFCC，也要作为信号特征加到特征向量中。

而语音信号的强度（能量）是声音的大小，所以与当前的发音是哪个音素没有关系，但是音素的不同会导致能量的变化模式不同，所以能量的变化量 Δ **能量**，以及变化量的变化量 ΔΔ **能量**，有时也会作为信号特征被加到特征向量中。

把这些特征汇总起来，语音特征就是每 10 ms 用 38 维实数来表示的向量。

## 5.5 噪声去除

作为识别对象的语音信号通常会掺杂着噪声，所以如果能够去除这些噪声，就可以提高识别性能。简单的噪声去除处理，可以在能量谱的计算阶段实施。

语音中的噪声有两种，一种是像背景噪声那样，与语音信号叠加在一起的；另一种是像使用麦克风时的传递特性那样，使语音信号产生失真从而对其产生影响的。前者称为加性噪声，后者称为乘性噪声（图 5.11）。

加性噪声的去除比较简单，只要得到噪声的频谱信息，将其从频率空间中减去即可。这个方法称为谱减法（spectral subtraction）。

而乘性噪声的去除，可以通过对能量谱取对数，把乘法运算转换为加法运算，再将其在频率对数空间中减掉的方法来实现。

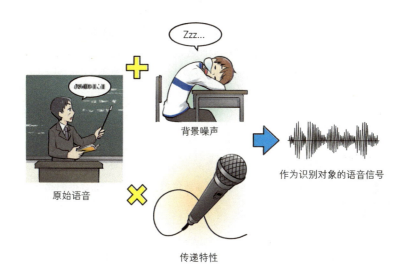

**图5.11** 噪声的种类

近几年，名为 CMS（Cepstrum Mean Subtraction，倒谱均值减）的方法被广泛应用。这个方法是对语音全体求倒谱均值，然后从各帧的倒谱中减掉倒谱均值。

因为是在倒谱上做减法，所以相当于去除了乘性噪声，而对全体取均值，则相当于对不同说话人或加性噪声也同时进行了处理。

## 5.6 总结

语音识别所需要的信息是频谱的轮廓和轮廓的变化量。在本章，我们了解了从复杂形状的语音信号中提取出这些信息的操作步骤。

采样和量化是将语音、图像等模拟信号进行数字化时要进行的处理，这些处理既要考虑信号特性，使信息不被丢失，同时还要尽可能地以紧凑的形式来表达信号。语音信号的特征体现在其频谱的轮廓信息中。通过傅里叶变换得到频谱信息，施加梅尔滤波器组处理再取对数，这一系列的处理对应着人耳中进行的分析。而 MFCC 在此基础上再实行离散余弦变换，从而把作为声道滤波器的低频成分分离出来。

本章对语音特征的提取进行了大致的说明。如果想要学习如何用数学公式进行严谨的推导，请参考鹿野清宏等人编写的教科书 [3] 和古井贞熙所写的教科书 [14]。

❶ 求倒谱时使用的离散余弦变换也被用在 JPEG 等图像压缩算法中。请调查使用离散余弦变换压缩图像数据的原理。

图解语音识别

# 语音识别：基本声学模型

所谓声学模型，是对"从词序列 $W$ 生成特征向量序列 $X$ 的过程"进行建模的结果。人类的语音会根据说话人的不同而发生变化。即使是同一个说话人尽量按同一种方式说话，其特征向量所表达的声学参数也会有微妙的差异，并且特征向量的个数（即语音的长度）也不同。在本章，我们将用概率的形式，即"$p($ 特征向量序列 $|$ 词序列 $)$"来表达这种波动性，并说明如何构建声学模型来计算这个概率。

## 6.1 声学模型的单位

首先，考虑如何设定声学模型的单位（图 6.1）。一般在构建条件概率模型时，要针对不同的条件生成不同的模型。对声学模型来说，因为要对 "$p$ (特征向量序列 | 词序列)" 进行建模，所以如果按照这个思路，就要针对识别结果可能出现的词序列，即所有可能出现的句子都分别建立一个模型。

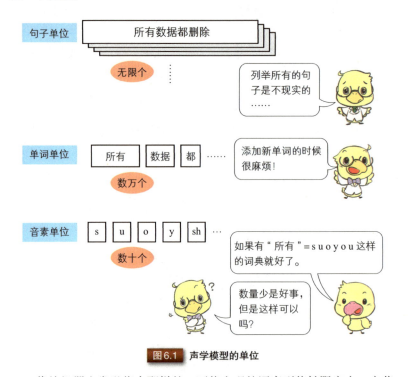

图 6.1 声学模型的单位

像给机器人发送指令那样的、可能出现的词序列能够限定在一定范围内的小规模任务中，这种方法或许可行。但是，自动生成会议记录、电视节目字幕同步等听写任务中的词汇量可能攀升到数万个，并且词序列的长度（即一个句子中的单词个数）是不固定的，这就意味着可能出现的词序列有无数个。在这种场景下，以句子为单位一个一个地单独建模是不现实的。

那么，以单词为单位建模，然后将它们衔接在一起组成句子的方法怎么样呢？这个方法虽然不是不行，但模型数量会达到数万至数十万，还是太多了。另外，想要添加新单词时还会出现另一个问题：必须收集该词的发音数据并重新训练模型。

因此，我们考虑用比单词更小的语言单元——音素进行建模。以音素为单位建模，在汉语语音中，就是以声母和韵母为单位建模。总共有 21 个声母、39 个韵母，即使对 4 个声调和轻声也加以区分，总共也不过 60 余种。而且，由于一种语言的音素是长期不变的，所以不必考虑添加新音素这种事情。至于哪个单词应该用什么样的音素串表示，只要另外准备一个单词发音字典即可，所以能够像"音素→单词→句子"这样对识别结果进行层层组合。

像这样以一个音素为单位建模得到的声学模型称为单音素模型（monophone model），但是单音素模型有一个很大的问题。在 2.2.4 节说过，连续发音的音素受协同发音的影响，会有很大的变化，即使标记的是同样的音素，在实际的语音信号中也可能大相径庭。因此，在连续语音识别中，经常如图 6.2 所示，根据某音素前后音素的不同为其建立不同的模型。这个模型就称为三音素模型（triphone model）。

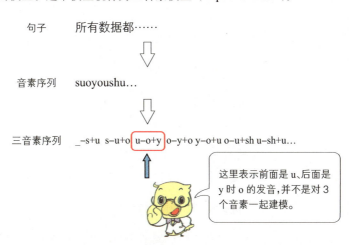

图 6.2　三音素模型

单音素模型也好,三音素模型也罢,建立出来的声学模型都是以音素为单位的。简单的三音素模型中,要对不同的上下文环境中的每个音素都分别建立一个单独的模型,上下文环境共有"前音素环境数量 × 后音素环境数量 = 音素数的平方"个。这样一来,声学模型的数量就膨胀到了"环境数量 × 音素数量 = 音素数量的三次方"个。因此,在实际的三音素模型中,会采用把前后音素相似的环境汇总成一个模型等技巧,将所需模型的数量控制在较小的范围内[1]。

## 6.2 什么是隐马尔可夫模型

通过上一节的说明,我们知道可以通过对 $p($特征向量序列 $|$ 音素$)$ 进行建模来得到声学模型。下面我们把问题设定(图6.3)再重新确认一遍。

在图 6.3 中,箱子状的图标代表声学模型,它的数量与音素的个数一致。这里将音素的集合记为 $\{\omega_1,\cdots,\omega_c\}$。然后,我们来考虑每个箱子是如何生成特征向量序列 $X=x_1x_2\cdots x_t\cdots x_n$ 的[2]。

$$X = x_1 x_2 \cdots x_t \cdots x_n$$

图6.3 声学模型的问题设定

---

① 后面为了避免复杂的描述,不管是单音素还是三音素,其声学模型的单位都记为音素。
② 由于 $x$ 都是特征向量,所以本来应该用黑体字标记,但并排在一起的黑体字读起来会有点困难,所以本章使用白体字标记。

序列数据的建模工具，我们使用第 4 章学过的自动机。箱子中的自动机没有输入，它们以特定的概率输出特定的序列数据。例如，音素 $w_i$ 对应的箱子会以很高的概率输出听起来很像这个音的特征向量序列，以稍低一些的概率输出与这个音有些相似的特征向量序列，以很低的概率输出听起来完全不是这个音的特征向量序列。

具有这种性质的自动机，可以设计成如图 6.4 所示的结构。这个自动机是一种 Moore 型自动机。它没有输入，根据在各个状态 $S_i$ 上定义的分布 $b_i(x)$，以概率的形式输出 $x$。建模对象的音素不同，其对应的自动机的状态数也不一样。一般来说，具有平稳特征向量的元音对应的模型的状态数较少，而反映特征向量变化的辅音所对应的模型的状态数较多。另外，每个弧上都标记了由当前状态 $S_i$ 沿该弧迁移到下一个状态 $S_j$ 时的状态迁移概率 $a_{ij}$。与第 4 章的示例中使用的自动机相比，这个自动机在结构上有些特殊。下面就来详细说明一下。

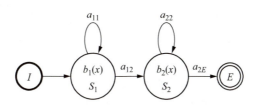

**图6.4** 用于声学模型的自动机的结构

如 2.2 节所述，人类的语音是通过改变声道形状而产生的。这里，我们把声道形状大致相同，即"输出语音的频率特性大致相同"这一生理状态，与自动机的某一个状态相对应。之所以说"大致相同"，是因为即使是同一个人对同一个音素的发音，其频率特性也会有些许起伏。这个起伏就可以看作概率形式的输出。

然后，自动机的状态迁移也用概率的形式来表示。各个状态的持续时间因个体和语速的不同而不同，所以在模型中，某个状态会自循环一定时间，直到当前发音结束时才会迁移到下一个状态。状态的自循环次数由状态迁移概率来控制。由于自循环概率和向其他状态迁移的概率之和等于 1，所以自循环的概率越大，循环的次数就越多。相反，自循环的概率越小，循环的次数也就越少。

再有，随着说话的进行，状态会从左到右进行单方向迁移。爆破音和舌侧音就是典型的单方向迁移的例子。它们在发音过程中，不会返回到初始的发音状态。也就是说，对语音进行建模的自动机可以定义成这样一种结构：从初始状态开始，经过几个带有自循环的状态，最后到达最终状态。

这个自动机有这样一个性质：现在的状态只由前一个状态以概率形式来决定。这一性质称为马尔可夫性质，具有马尔可夫性质的过程，称为马尔可夫过程。用自动机对马尔可夫过程进行建模后形成的模型就称为马尔可夫模型。

这里考虑的马尔可夫模型中，每一个状态都可以输出任意特征向量[①]，并且由于特征向量序列的长度与自动机的状态数不一致（特征向量序列的长度比自动机的状态数量大很多），所以无法知道在时刻 $t$ 输出的特征向量 $x_t$ 是从哪个状态输出的。像这样，即使得到了观测值（在这里是特征向量序列）也不了解内部迁移状况（即被隐藏了）的马尔可夫模型称为隐马尔可夫模型（Hidden Markov Model，HMM）（图 6.5）。

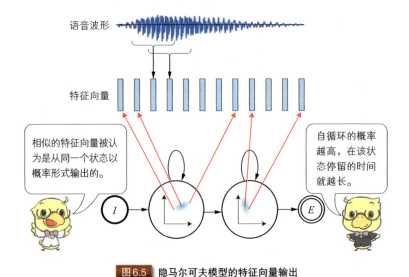

图 6.5　隐马尔可夫模型的特征向量输出

---

① 在该状态中，输出典型特征向量以外的特征向量的概率虽然非常低，但并不是 0。

近几年的语音识别技术都是使用这个 HMM 来建立声学模型的。接下来，对 HMM 的概率计算方法和训练方法进行说明。

## 6.3 隐马尔可夫模型的概率计算

这里，我们假定已经通过训练获得了 HMM 的参数，下面要说明的是如何使用 HMM 计算概率。

假定 HMM 含有如图 6.4 所示的结构和参数，以及特征向量序列 $X=x_1x_2x_3x_4x_5$ 是长度为 5 的序列，我们来计算该 HMM 输出特征向量序列 $X$ 的概率。

对给定的特征向量序列 $X$，如果 HMM 的状态迁移是已知的，那么其输出概率的计算很简单。对上述长度为 5 的特征向量序列 $X$，假定内部状态从初始状态 $I$ 开始，并按照 $S_1S_1S_1S_2S_2E$ 的顺序迁移，那么用下面的公式就可以计算出序列 $X$ 的输出概率 $P(X)$。

$$P(X) = b_1(x_1) \cdot a_{11} \cdot b_1(x_2) \cdot a_{11} \cdot b_1(x_3) \cdot a_{12} \cdot b_2(x_4) \cdot a_{22} \cdot b_2(x_5) \cdot a_{2E} \quad (6.1)$$

但是，只给定了特征向量序列，还是无法知道 HMM 内部的状态迁移。如果考虑添加约束，约定最初的特征向量 $x_1$ 从 $S_1$ 开始，最后的特征向量 $x_5$ 从 $S_2$ 开始迁移，那么可能的状态迁移有 $S_1S_1S_1S_1S_2E$、$S_1S_1S_1S_2S_2E$、$S_1S_1S_2S_2S_2E$ 和 $S_1S_2S_2S_2S_2E$ 共 4 种，这 4 种迁移不会同时发生。概率计算中，不会同时发生的互斥事件的和事件，其发生概率等于各事件发生概率之和。

$$\begin{aligned} P(X) = &\; b_1(x_1) \cdot a_{11} \cdot b_1(x_2) \cdot a_{11} \cdot b_1(x_3) \cdot a_{11} \cdot b_1(x_4) \cdot a_{12} \cdot b_2(x_5) \cdot a_{2E} \\ &+ b_1(x_1) \cdot a_{11} \cdot b_1(x_2) \cdot a_{11} \cdot b_1(x_3) \cdot a_{12} \cdot b_2(x_4) \cdot a_{22} \cdot b_2(x_5) \cdot a_{2E} \\ &+ b_1(x_1) \cdot a_{11} \cdot b_1(x_2) \cdot a_{12} \cdot b_2(x_3) \cdot a_{22} \cdot b_2(x_4) \cdot a_{22} \cdot b_2(x_5) \cdot a_{2E} \\ &+ b_1(x_1) \cdot a_{12} \cdot b_2(x_2) \cdot a_{22} \cdot b_2(x_3) \cdot a_{22} \cdot b_2(x_4) \cdot a_{22} \cdot b_2(x_5) \cdot a_{2E} \end{aligned} \quad (6.2)$$

观察公式 (6.2) 会注意到两点。第一点，在真实的语音识别中，用这种方式是算不完 HMM 的状态数和特征向量序列的长度的。把 HMM 的状态数记为 $m$，特征向量序列的长度记为 $n$，那么可能的状态迁移路径就有 $2n$ 种，再乘以每种路径需要迁移的次数 $m^n$，总共需要计算的次

数就是 $2nm^n$ 次。第二点，多次出现了同样的乘法运算。如果值相同的部分的计算能够记录下来并重复利用，或许可以解决第一个问题。

通过记录部分计算结果，使全体计算次数减少的方法就是前向算法。如果假定某时刻 $t$ 的状态是 $S_t$，那么 $X$ 的生成概率如公式 (6.3) 所示。

$$P(X, S_t) = P(x_1 x_2 \cdots x_t, S_t) \cdot P(x_{t+1} x_{t+2} \cdots x_n | S_t) \tag{6.3}$$

请注意，公式 (6.3) 右边的两项在形式上有着微妙的差异：$P(x_1 x_2 \cdots x_t, S_t)$ 是观察到 $x_1 x_2 \cdots x_t$ 那一时刻，$x_t$ 由状态 $S_t$ 生成的概率；而 $P(x_{t+1} x_{t+2} \cdots x_n | S_t)$ 是在 $x_t$ 已经由状态 $S_t$ 生成了的前提下，又观察到 $x_{t+1} x_{t+2} \cdots x_n$ 的概率。

我们把公式 (6.3) 右边的第一项定义为前向概率 $\alpha_t(i)$，第二项定义为后向概率 $\beta_t(i)$。$i$ 表示，时刻 $t$ 所在的状态 $S_t$ 是 HMM 的第 $i$ 个状态[①]。有了这样的定义，就可以像公式 (6.4) 这样用递归的方式从 $t=1$ 开始按顺序计算 $\alpha_t(i)$ 了。

$$\alpha_t(i) = \{\sum_{j=1}^{m} \alpha_{t-1}(j) a_{ji}\} b_i(x_t) \tag{6.4}$$

其中 $\alpha_1(i) = b_i(x_1)$，由于这里考虑的 HMM 的结构是当 $t=1$ 时必然有 $i=1$，所以只有 $a_1(1)=b_1(x_1)$。

如图 6.6 所示，从 $t=1$ 开始顺次（向前）计算 $\alpha_t(i)$。当 $t=n$ 时，特征向量序列 $X$ 的最后一个特征向量 $x_n$ 由 HMM 的最终状态 $S_m$ 输出。有了这个约束，最后求得的概率就是 $P(x_1 x_2 \cdots x_n) = \alpha_n(m) \cdot a_{mE}$。

像图 6.6 这样，在 HMM 的概率计算中使用的"状态 × 序列"的二维空间称为 Trellis 空间。对照这个 Trellis 空间，有关 HMM 的计算问题就容易理解了。

这里，我们求一下前向算法的计算量有多大。需要计算的 $\alpha$ 有 $mn$ 个，为了计算每个 $\alpha$ 的值，要把当前 $\alpha$ 的所有上一个 $\alpha$（$m$ 个）与其各自的迁移概率相乘，所以共需要 $m$ 次[②]乘法。这样一来，总共就需要

---

[①] 用 $\alpha_t(S_t)$ 来表示也可以，不过这样在之后的公式定义中就会出现多级下标，所以这里如此表示。

[②] HMM 的结构如果限定为图 6.4 的样子，那么 $\alpha$ 与迁移概率的乘法需要进行 2 次，还有它们的和也要与输出概率相乘，所以总共需要 3 次乘法。

$m^2n$ 倍的单位计算时间。与公式 (6.2) 的简单计算方法相比,这是一个显著的进步。

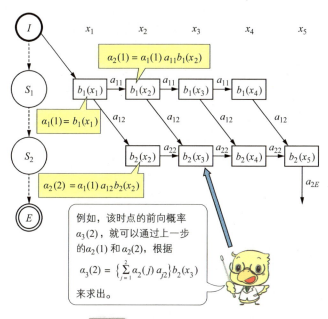

**图 6.6** 使用前向算法的概率计算

并且,同样的计算方法也适用于计算公式 (6.3) 右边的第二项 $\beta_t(i)$。从最终状态开始,沿图 6.6 箭头的反方向计算,就可以求出 $P(X)$。这个算法称为后向算法。

## 6.4 状态序列的估计

从 HMM 中输出某个特征向量序列的正确概率值,可以通过上一节的前向算法求出。但是,考虑到在那之后还要联合多个 HMM 对连续语音进行识别,我们就还有必要知道识别结果都经过了哪几条路径,即语音的各个部分都分别对应着哪个 HMM(即音素)。因此,将前向算法中的"各汇合路径概率的加和操作"替换成"取最大值操作",并把概率最大的路径信息保存下来，以这种方法来同时求得概率和最大路径的方法就是维特比算法。

如图6.7所示，在维特比算法中，对于某个状态的下一个可能的迁移状态，会求出其路径的概率，然后只把概率最大的路径保存下来。

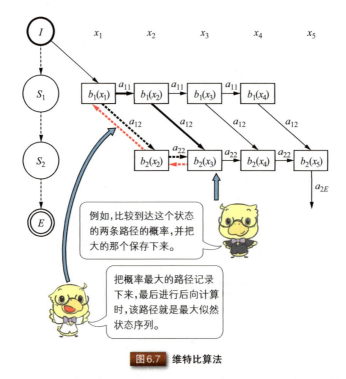

图6.7　维特比算法

在模式识别中计算似然度时，原本应该使用通过前向算法计算出的正确概率值。但是在语音识别中，大多数场合会使用根据维特比算法求得的最大似然状态序列的概率。人们的这种选择可能是由于语音识别中有实时性的制约，实际上有报告指出，这两种算法在识别精度上基本没有什么差别。

## 6.5 参数训练

这一节，我们来学习 HMM 的训练方法。

在 HMM 中，需要训练的参数是状态迁移概率和各个状态的概率密度函数。但是，在模型训练中有一个问题，那就是对于训练数据，我们不知道其状态迁移是什么样的（图 6.8）。

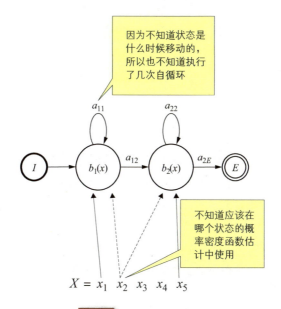

图6.8　HMM训练的问题点

如果训练数据的状态迁移是已知的，那么数一数状态迁移的数量就能对状态迁移概率进行训练，而根据各状态相应特征向量的均值和协方差矩阵进行最大似然估计，就可以对状态的概率密度函数进行训练了（图 6.9）。

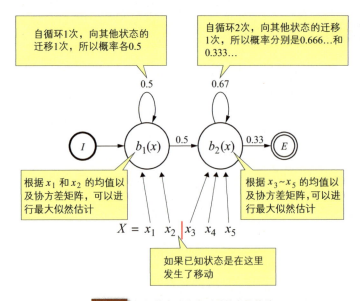

图 6.9 已知状态迁移序列时的参数估计

但是，对于大量的语音训练数据，给特征向量值相似的每个语音段都标注分割信息是不现实的。况且，连续语音由于受协同发音的影响，寻找音素边界本就很困难。

所以，我们来稍微考虑一下其他情况。对于特定的状态迁移，如果已经给定了其发生概率会怎么样呢？例如，在图 6.8 中，假设我们已知从第 2 个特征向量向第 3 个特征向量移动时，状态发生移动的概率是 0.5，从第 3 个特征向量向第 4 个特征向量移动时，状态发生移动的概率也是 0.5。

对于这两种状态迁移序列，使用如图 6.9 所示的方法进行最大似然估计，就可以进行 HMM 的训练了。这里得到了两个 HMM，那么有没有什么办法能对它们进行整合，最终得到一个 HMM 作为训练结果呢？

我们可以这样想：由于两种状态迁移序列的发生概率都是 0.5，所以对训练参数估计的贡献也各占一半。也就是说有一个办法是，把状态迁移序列的发生概率当作权重，取两个 HMM 相应参数的加权和，即可得到最终的 HMM（图 6.10）。

6.5 参数训练 | 87

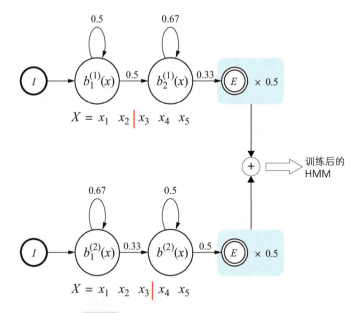

图6.10 已知状态迁移序列概率时的参数估计

但是，我们还是不知道状态迁移序列的发生概率，因此只能投放终极秘密武器——最大期望算法，即 EM 算法。EM 的 E 代表 expectation，是求数学期望的计算步骤，而 M 代表 maximization，是求最大值的计算步骤。在 HMM 的训练中，E 步骤就相当于使用在某一时点给定的 HMM 的参数，来计算各个状态迁移序列的发生概率；而 M 步骤则如图 6.10 所示，相当于通过给定的状态迁移序列进行最大似然估计，然后以各状态迁移序列的发生概率为权重，对各 HMM 的参数求加权和。EM 算法会在适当设定了 HMM 的参数初始值之后，让 E 步骤和 M 步骤交替循环执行，直到 M 步骤的参数变化量小于预先设定的阈值为止。

EM 算法的执行步骤汇总如下。

1. 给 HMM 的参数设定适当的初始值。
2. E 步骤。
   (a) 对于训练数据（输入），用现在的 HMM 来计算状态迁移的发生概率；

(b) 对所有可能的状态迁移序列, 求其发生概率。
3. M 步骤。
   (a) 对所有可能的状态迁移序列, 求对应 HMM 参数的最大似然估计;
   (b) 以 2-(a) 求得的状态迁移概率为权重, 对最大似然估计结果求加权和。
4. 对 E 步骤、M 步骤进行循环, 直到 M 步骤的参数变化量小于一定的值。

图 6.11 展示了 EM 算法的概貌。仔细观察图中的步骤会发现, 在分割中没有发生变化的部分的序列会被重复计算多次。在实际的 EM 算法实现中, 用上一节说明的前向算法和后向算法将从初始状态到某个状态为止的概率, 以及从这个状态到最终状态为止的概率记录下来并重复利用的方法称为前向 - 后向算法, 使用此方法就可以避免冗余的计算。把前向 - 后向算法应用到 HMM 的训练中时, 我们称其为鲍姆 - 韦尔奇 (Baum-Welch) 算法。

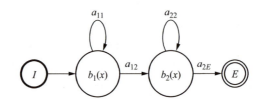

图 6.11　EM 算法

## 6.6 总结

在本章，我们了解了统计语音识别模型中的声学模型。把音素作为声学模型的建模单位，使得即使增加了新的单词也不必重新训练模型。但是，以单音素为单位建模受协同发音的影响太大，所以使用考虑了前后音素环境的三音素模型。

每个音素都可以通过 HMM 进行建模。HMM 是输出连续值的自动机，我们可以基于发音语音学的知识来构建它。在 HMM 中，使用前向算法和维特比算法等算法可以高效计算序列的输出概率和最大似然序列。另外，使用鲍姆 – 韦尔奇算法可以高效地训练模型参数。

作为声学模型的生成工具，HTK（Hidden Markov Model Toolkit）非常有名。HTK 自带的用户手册（HTKBook[①]）不仅说明了它的使用方法，还详细地讲解了声学模型的理论背景。

拙著 [2] 通过简单的例题对语音收集、使用 HTK 训练声学模型，以及模型的评价方法进行了说明。

生成模型的思路和 EM 算法是 HMM 训练的根基，对于这部分内容，杉山将在其编写的教科书 [15] 中进行了简明易懂的解说。在金谷健一编写的教科书 [16] 和石井健一郎等人编写的教科书 [17] 中，大家可以从基础开始学习关于最大似然估计和 EM 算法的知识。

---

① HTKBook 可以在 HTK 的网站（http://htk.eng.cam.ac.uk/）注册后下载。

❶ 在图 6.9 的 HMM 中,假定各个状态输出的是离散记号 $\{a, b\}$。给定特征向量序列 $X = $ "$aaabb$" 和状态迁移序列 "$S_1S_1S_2S_2S_2$",求各状态中各个记号的输出概率和状态迁移概率。

❷ 在图 6.11 的 HMM 中,假定各个状态的记号 $\{a, b\}$ 的输出概率,以及所有作为估计对象的状态迁移概率的初始值都是 0.5。给定特征向量序列 $X = $ "$aaabb$",请进行这一时点下 M 步骤的计算。

图解语音识别

第 **7** 章

# 语音识别：高级声学模型

相比前一章说明的声学模型，实际投入使用的语音识别系统中所应用的声学模型要更复杂一些。本章首先会说明实际应用中的声学模型，然后大概介绍一下最近和声学模型训练相关的话题（判别训练和深度学习）。

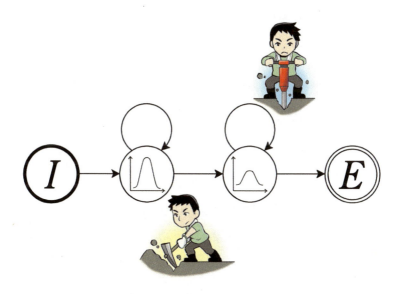

## 7.1 实际的声学模型

要想将上一章说明的声学模型应用于实际的语音识别系统，还需要理解下面两项内容。

- 将概率分布从单一分布换成混合分布。
- 说话人自适应。

### 7.1.1 混合分布的训练

在本书第 3 章中作为似然度函数模型使用的正态分布，经常被用于对自然现象或社会现象进行建模。但是，简单的正态分布并不能完整地表达出语音特征。即使是如图 2.15 所示的元音的共振峰图，也会因为说话人性别或方言的不同而均值不同。

因此，要对多个正态分布取加权和，用得到的混合分布来表示复杂的分布（图 7.1）。在实际的 HMM 中，会混合 16 个左右的正态分布，以此来表示各个状态的概率密度函数。

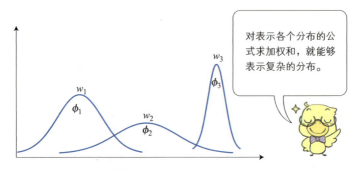

图7.1 用混合分布表示复杂的分布

把混合数记为 $N$，单个正态分布记为 $\phi_i (1 \leq i \leq N)$，单个分布的权重记为 $w_i$，那么混合分布 $\phi$ 就可以用公式 (7.1) 来表达。

$$\phi = \sum_{i=1}^{N} w_i \phi_i \tag{7.1}$$

由于不知道各个数据是由哪个分布输出的，所以权重的训练不能使用单纯的最大似然估计,而是需要使用 HMM 训练中用到的 EM 算法。首先设定初始分布,然后计算数据在各个分布上的输出概率(E 步骤)。得到的值可以作为该数据对各个分布的归属度,以这个归属度(例如只有 0.2 归属于某个分布)为权重,对各个分布的参数进行最大似然估计(M 步骤)。然后,与上一章介绍的 EM 算法一样,使用更新后的分布再次对所有数据的输出概率进行计算。如此循环执行,直到参数以及权重的变化量小于预先设定的阈值,这样一来分布的参数就训练好了。

### 7.1.2 说话人自适应

在混合模型的介绍中也说过,性别、方言、个人等差异会导致说话人产生的语音特征各不相同。如此一来,若能够生成个人专用的统计模型(即实现特定说话人的语音识别),那么识别性能应该就可以得到提高。

但是,针对单一说话人训练声学模型,要收集到足够的语音数据是很困难的。因此,我们可以通过说话人自适应技术,即以非特定说话人的声学模型为基底模型,再利用特定说话人少量的语音数据(自适应数据)对基底模型的参数进行调整适配,来提高识别率。

说话人自适应技术中具有代表性的方法是 MLLR(Maximum Likelihood Linear Regression,最大似然线性回归)方法(图 7.2)。如公式 (7.2) 所示,MLLR 方法就是估计系数矩阵 $A$ 和常数项 $b$,并用 $A$ 和 $b$ 对上述基底模型的参数(具体来说就是 HMM 各个状态下的正态分布的均值向量 $\mu$)进行线性变换,使得变换后的声学模型生成适应语音数据的概率最大。

$$\mu' = A\mu + b \tag{7.2}$$

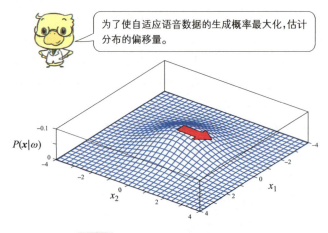

图 7.2　基于 MLLR 方法的说话人自适应

## 7.2　判别训练

上一章说明的 HMM 的训练方法是用生成模型进行训练的。如果这样就能正确估计每个说话人自适应模型的参数（换句话说，就是世界上所有人的语音都能够正确建模），那么理论上这种方法是错误率最低的方法。

但是，我们在 7.1 节已经了解到，由于复杂的概率密度函数是用混合分布来近似的，而且又只使用了现实中的一小部分数据来估计这个混合分布的参数，所以与真实的概率分布相比，无论如何都会产生偏差。

既然如此，我们也可以从最开始就以误差最小化为目的对模型参数进行训练。而这就是判别模型的思路。

下面就回到如公式 (7.3) 所示的贝叶斯定理，对该模型的思路进行说明。

$$p(W|X) = \frac{P(X|W)P(W)}{P(X)}$$
$$= \frac{P(X|W)P(W)}{\sum_W P(X|W)P(W)} \tag{7.3}$$

公式 (7.3) 的分母是根据概率边缘化处理得到的。把联合概率 $P(X, W) = P(X|W)P(W)$ 的值对所有 $W$ 求和，就等于 $P(X)$。

这里，假设语言模型的概率 $P(W)$ 是一定的。这样一来，生成模型的训练就是使公式 (7.3) 的分子 $P(X|W)$ 最大化，从而使得等式左边的值变大，并最终使数据的对数似然度最大化。但是，还有一个方法可以使等式左边的值变大，那就是使等式右边的分子变大，同时使分母变小。

为简单起见，我们把 $W$ 当作类别，针对正确的类别令 $P(X|W)$ 的值变大，针对其他类别令 $P(X|W)$ 的值变小，这样训练就可以使分子变大的同时使分母变小。这与图 3.5 说明的判别模型的思路是相同的。因此，这种训练方法称为判别训练（图 7.3）。

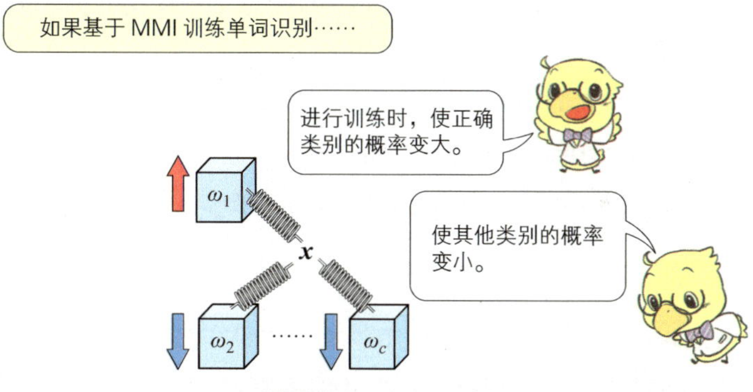

图7.3 判别训练的思路

具体来说，针对其他类别使误差 $P(X|W)$ 变小时，训练集、句子、单词、音素等都可以作为误差的计数单位。使用的单位不同，公式化方法也不同。

如公式 (7.4) 所示的最大互信息准则（Maximum Mutual Information，MMI）是直接将后验概率的对数最大化的方法。它将正确的听写文本集合用作训练集，再另外假设出错误的语音数据集，通过对比二者来让正确听写文本的训练集误差最小。按公式 (7.5) 进行展开后，分子变成了正确句子 $W_r$ 和特征向量 $X_r$ 的联合概率，分母变成了对立假设的句子 $\tilde{W}$ [1] 和特征向量 $X_r$ 的联合概率[2]。其中，$\theta$ 是 HMM 的参数集合，$r$ 是训练集的句子的序号。

$$\hat{\theta} = \arg\max_{\theta} \log P(W|X) \tag{7.4}$$

$$= \arg\max_{\theta} \sum_r \log \frac{P(W_r, X_r; \theta)}{\sum_{\tilde{W}} P(\tilde{W}, X_r; \theta)} \tag{7.5}$$

## 7.3 深度学习

前面说明的方法都是对 HMM 的各个状态，用多个加权正态分布的混合来表达其概率密度函数，并使用训练数据对其参数进行调整。在这一节，我们来了解一下还有什么别的方法能计算 HMM 某个状态下特征向量的输出概率。

前文都是把语音识别定义成这样一个问题：求使特征向量 $X = x_1 \cdots x_m$ 的后验概率最大的单词序列 $\tilde{W}$（公式 (7.6)）。

$$\begin{aligned}\tilde{W} &= \arg\max_{W} P(W|X) \\ &= \arg\max_{W} p(X|W) P(W)\end{aligned} \tag{7.6}$$

$P(X|W)$ 是对 HMM 用维特比算法来计算的。这里如果用 HMM 的状态迁移序列 $S_1, \cdots, S_t$ 来表示词序列 $W$[3]，那么 HMM 在状态 $i$ 时输出的特征向量 $x$ 的概率 $b_i(x)$，就可以写成 $p(x|S_i)$。

另外，$p(x|S_i)$ 可以根据贝叶斯定理变换为公式 (7.7) 的样子。

---

[1] 因为不可能列举所有候补句子，所以用识别结果的前 N 个候补做成对立假设的句子集合。

[2] 根据 $P(W,X) = P(X|W)P(W)$ 可以推导出公式 (7.5) 与公式 (7.4) 相对应。

[3] 正如将在第 9 章说明的那样，因为连续语音识别中把 HMM 联合起来做成 Trellis 空间，所以在哪个时刻经过了哪个 HMM 这样的状态迁移序列信息，会以一对一的形式与识别结果的词序列相对应。

$$p(\boldsymbol{x}|S_i) = \frac{P(S_i|\boldsymbol{x})}{P(S_i)} p(\boldsymbol{x}) \tag{7.7}$$

$P(S_i)$ 可以通过最大似然估计等方法单独计算，而与状态迁移无关的 $p(\boldsymbol{x})$ 可以当作常数。剩下的 $P(S_i|\boldsymbol{x})$ 的值，就使用以训练数据 $\boldsymbol{x}$ 为输入、以 $S_i$ 为输出的神经网络来计算（图 7.4）。这个神经网络并不输出特征向量的似然度，它输出的是 HMM 的状态概率。

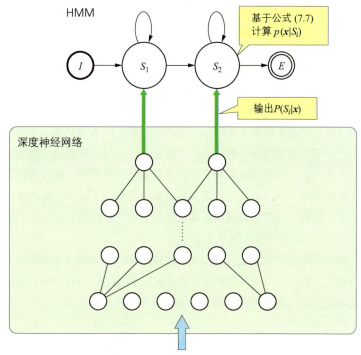

图7.4 基于深度学习的语音识别

这个方法与基于混合分布的概率密度函数的表达方法不同，它所提取的特征也是通过神经网络训练出来的。神经网络的输入是特征提取处理之前的只做过频率分析的数据，至于识别中使用什么样的特征，也是神经网络要训练的对象。

为此，神经网络的层数必须要很深。但是一直以来深度神经网络的训练都很困难，直到近几年人们才发现，通过无监督预训练来设定适当的初始值，能让深度神经网络的训练变为可能。深度神经网络的训练一般被称为深度学习（deep learning）。

实际上，有多份报告 [19] 指出，使用深度学习方法获得了比传统方法更高的语音识别率。另外有报告指出，如果有足够的训练数据，只要稍微巧妙设计一下神经网络的计算方法，就可以不用预训练。从现在的趋势看来，我们需要时刻关注深度学习的技术动向。

## 7.4　总结

本章对高级声学模型的构建方法进行了说明。为了用 HMM 表达复杂的分布，使用了由多个正态分布的加权和组成的混合分布。在混合分布中，不仅均值和协方差矩阵，连权重也可以通过 EM 算法来训练。而且，考虑到语音本来就是以判别为目的的信号生成过程，所以本章还介绍了判别训练方法。近几年使用判别训练方法提高了识别性能的报告越来越多。另外，已成为最热门话题的深度学习，也让我们感受到了能够改变语音识别研究方向的强大力量。

对于语音识别中的判别训练，Georg Heigold 等人的论文 [18] 进行了很好的总结。另外，关于深度学习在语音识别中的应用，Geoffrey Hinton 等人的论文 [19] 和久保阳太郎的论文 [20] 中都进行了详细的说明。

❶ 在 HMM 中使用混合分布后，需要估计的参数量就会大幅度增加。请调查减少参数个数的技巧和方法。
❷ 请思考如何获取说话人自适应中使用的自适应数据。

图解语音识别

# 语音识别：语言模型

　　语言模型是用来计算"$P($词序列$)$"的概率模型。像使用语音操作机器这样的应用场景，如果能够在一定程度上限定输入的单词或句子的形式，那么就可以根据语法规则限定输入的语音。而在语音自动转录这样的场景中，由于词汇量很大，并且无法限定句子的形式（根据情况有时会输入不符合语法的句子），所以就要使用统计语言模型来估计句子的出现概率了。

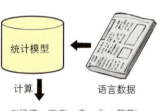

计算

$P($经济, 正在, 走, 向, 复苏$)$

描述语法规则

统计语言模型

## 8.1 基于语法规则的语言模型

把单词构成句子的规则作为语法描述出来的就是基于语法规则的语言模型。如果把基于语法规则的语言模型看作概率模型,那么可以将其理解为"对一个词序列 $W$,如果接收其语法就返回 $P(W) > 0$,如果不接收其语法就返回 $P(W) = 0$"。

当语音对话系统的任务被限定在很小的范围内时,其语音识别部分就可以使用基于语法规则的语言模型。由于在语法规则上还可以增加语义解析规则,所以在制作简单运行的原型系统时该方法非常适合。但是,这种模型也有缺点:输入的句子语法自由度很低,因此用户的输入不被接收的情况多有发生。

第 4 章中说过的正则语言也可以用语法规则来表达。表达正则语言的语法称为正则语法。

语法规则使用两种符号来描述,一种是代表字或单词的终止符,另一种是代表字符串或词序列的非终止符。如果把终止符用小写、非终止符用大写来表示,那么正则语法的规则就可以如下表示($\epsilon$ 是空字符串)。

$A \to a$

$A \to aB$

$A \to \epsilon$

只要能转换成上述形式,其他形式的语法也可以是正则语言。

图 8.1 是语法描述的一个示例。我们假定这是一个操作车载导航系统的任务。任务的输入语句有"显示地图""用名称查询"等。

生成这类语法规则的步骤大致如下。

1. 定义句子的种类。

    $句子→$显示 | $设置 | $查询

2. 定义句子的模式或短语的模式。

    $查询→用 $手段 查询

3. 定义作为识别对象的单词集合(= 词表)。

    $手段→住址 | 名称 | 历史记录

```
$ 句子 → $ 显示 | $ 设置 | $ 查询
$ 显示 → 显示　地图
$ 设置 → 前往　$ 登记地址
$ 查询 → 通过　$ 手段　查询
$ 登记地址 → 自家 | 公司
$ 手段 → 住址 | 名称 | 历史记录
```

标记了 $ 的是非终止符，必须根据规则进行展开。
没有标记 $ 的是终止符，相当于单词。

**图8.1**　语法规则的示例

以 $ 开始的是非终止符，表示规则名。规则中出现的非终止符，其规则名在左侧规则列中至少要出现 1 次。同一个非终止符在左侧规则列中出现 2 次以上时，意味着对于该非终止符有不同的模式（句子模式或短语模式）。没有标记 $ 的是终止符，相当于单词。规则的右侧，由非终止符或终止符的列构成。

允许规则右侧出现任意符号列的语法称为上下文自由语法（亦称"上下文无关文法"），它可以大致描述汉语、日语和英语等自然语言的语法。而前面说过的，限定规则右侧只由"终止符""终止符 + 非终止符"和"空字符串"中的任意一个组成的语法称为正则语法，它可以描述汉语短语层面的规则。

实际进行语音识别时，要通过把语法限定为正则语法来将语言模型转换成有限自动机，然后在第 9 章将要介绍的搜索空间中对该自动机进行展开。某些任务的语法虽然看起来是上下文无关文法，但实际却并没有那么复杂。这种任务中的输入语句基本上可以转换成等价的正则语法，所以用上述方法也是可行的。

## 8.2　统计语言模型的思路

在自动生成会议记录、自由对话系统这样很难限定输入的句子形式和单词组合的应用场景中，我们要使用统计方法来建立语言模型。所谓统计语言模型，是一种概率生成模型，给定了词序列 $W = w_1, \cdots, w_n$，我们要基于语言统计信息来计算生成概率 $P(W) = P(w_1, \cdots, w_n)$ 的值。

决定语音识别结果好坏的后验概率，等于声学模型的得分[①]与语言模型的得分的乘积。所以，如果统计语言模型能够对语法正确的输入句子输出一个高概率，同时对有语法错误的输入句子输出一个低概率，那么语音识别系统就不太容易输出语法错误的句子。

另外，统计语言模型还有一个作用，那就是可以排除声学上相似单词的混淆错误。例如，输入语音中的某个单词是"眼镜"（yǎnjìng）和是"眼睛"（yǎnjing）的概率相等时，如果上下文是"查找车站附近的××店"，就可以判断"眼镜"（yǎnjìng）是最可能的输入。这一结论可以通过比较下面的两个概率得到。

$P$(查找，车站，附近，的，眼镜，店)
$P$(查找，车站，附近，的，眼睛，店)

因为 $P(W) = P(w_1, \cdots, w_n)$ 是词序列 $W$ 按照 $w_1, \cdots, w_n$ 的先后顺序出现的联合概率，所以可以写成公式 (8.1) 的形式。

$$P(w_1,\cdots,w_n) = P(w_1)P(w_2|w_1)P(w_3|w_1,w_2)\cdots P(w_n|w_1,\cdots,w_{n-1}) \quad (8.1)$$

右边各项的概率是用语料库来估计的。语料库是大量句子的集合。典型的语料库有新闻报道数据库，也有通过爬虫抓取的 web 网页语料库。

由于 $P(w_1)$ 是单词 $w_1$ 的出现概率，所以用语料库中 $w_1$ 的出现次数除以语料库的所有单词数，就得到了 $w_1$ 的最大似然估计。另外，$P(w_2|w_1)$ 虽然是条件概率，但它代表 $w_2$ 紧跟着 $w_1$ 出现的概率，所以语料库中 $w_1w_2$ 连着出现的次数除以 $w_1$ 的出现次数，就可以得到 $P(w_2|w_1)$ 的最大似然估计。

之后的其他项也可这样计算。但是，像最后项的 $P(w_n|w_1, \cdots, w_{n-1})$ 等，如果 $n$ 的值超过 10，那么只要它不是极其特殊的词序列，一般就不会在语料库中多次出现。

这时我们可以使用名为 N-Gram（$N$ 元组）的方法来做近似估计。N-Gram 是对单词的出现用 $N-1$ 重马尔可夫过程进行近似的模型。关于

---

[①] 通过模型计算出来的概率称为得分。

马尔可夫过程，第 6 章已经说明过。而在 N-Gram 中，它的思路是假设某个单词的出现概率仅依赖于它前面的 $N-1$ 个单词，而不用考虑 $N-1$ 之前的单词的影响。某个单词的出现概率当然受最近出现的单词的影响更大，但有时离得远的单词的影响也并不等于 0。所以，N-Gram 是限定了单词影响范围的一种近似的模型（图 8.2）。

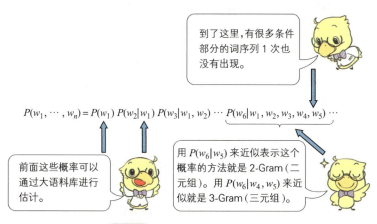

**图 8.2** 基于 N-Gram 的 $P(W)$ 的近似

如果只考虑近似的精度，N 越大越好，但是太大会导致很多词序列在语料库中出现不了，也就无法估计其概率了。相反如果 N 太小，近似的精度就会下降。考虑到实际能准备的语料库的规模和近似精度，经常使用 3 作 N 的值。

基于 3-Gram（称为 trigram）的思路，词序列 $W = w_1, \cdots, w_n$ 的生成概率就如公式 (8.2) 所示。

$$P(w_1, \cdots, w_n) = P(w_1)P(w_2 \mid w_1)\prod_{k=3}^{n} P(w_k \mid w_{k-2}, w_{k-1}) \tag{8.2}$$

## 8.3 统计语言模型的建立方法

一般来说，N-Gram 语言模型的建立步骤如下所示。

1. 准备语料库。
   收集大量电子版的文章（新闻报道、网页等）。
2. 把语料库分割成单词。
   进行语素分析处理。
3. 计算条件概率。
   进行精细调整以使概率估计值不等于 0，在此基础上计算 $P(w_k|w_{k-N+1},\cdots,w_{k-1})$。

用来填充语料库的文章所属的领域，需要与语音识别对象的领域一致。比如，要想在自动会议记录中使用语音识别，那么用过去的会议记录作语料库最合适。但是，由于不一定能够获得目标领域的大量语料，所以大多使用电子新闻报道或网页爬虫数据。

接下来，需要对语料库中的句子进行单词分割。对英语等单词之间有空格的语言进行这个处理基本没什么问题。但是对汉语、日语等单词分界不明确的语言，就需要进行名为语素分析的处理了。

语素分析是指把字符串分割成单词，并估计单词的词性。如果只是单纯计算单词的出现频率，就不需要词性信息。但是在建立统计语言模型时，同一单词如果词性不同，就需要当作不同的单词来处理，因此在有些场合，语素分析会输出以"单词 – 词性"为单位的结果。另外，如果要将语素分析的结果用于建立语音识别模型，就还需要估计单词的读音。在汉语语音识别领域，语素分析工具常被称为分词工具，常见的有 Jieba 分词[①]、THULAC[②]、HanLP 分词[③] 等。

最后，基于语料库中单词的出现频率来计算条件概率。这里，我们以 2-Gram（称为 bigram）的概率估计为例来说明。

如果把词序列 $W$ 的出现次数记为 $C(W)$，那么根据最大似然估计，2-Gram 的最大似然估计值 $P_{\text{ML}}$ 就如公式 (8.3) 所示。

$$P_{\text{ML}}(w_i|w_{i-1}) = \frac{C(w_{i-1}, w_i)}{C(w_{i-1})} \tag{8.3}$$

---

[①] https://github.com/yanyiwu/cppjieba

[②] https://github.com/thunlp/THULAC

[③] https://github.com/hankcs/HanLP

真希望有了这个公式，所有的问题都能迎刃而解。但是，接下来才是 N-Gram 估计的困难所在。

如果用公式 (8.3) 来估计 2-Gram，那么当语料库中 1 次也没出现词序列 $w_{i-1}w_i$ 的时候，2-Gram 的最大似然估计值就等于 0 了。句子中的任意一个长度为 2 的词序列，如果其对应的 2-Gram 的值等于 0，那么根据公式 (8.2)，整个句子的出现概率也等于 0。即便是声学模型的得分很高，该句子也不会出现在语音识别结果中。

为了避免这种情况发生，需要给包含了语料库中 1 次都没出现过（出现 0 次）的词序列的 2-Gram 设定一个很小的值。如果设定得不恰当，就会得到概率总和超过 1 的奇怪结果，因此必须用在某种程度上来说属于概率的方法进行调整。

基本的思路是，在最大似然估计的 2-Gram 结果中，从概率不是 0 的各个结果中拿出一点，分配给概率是 0 的 2-Gram 结果。这个方法称为回退平滑（backoff smoothing）（图 8.3）。

图8.3　回退平滑

图 8.3 中出现的 $\lambda(w_{i-1}w_i)$ 是为了把概率匀给语料库中未出现的词序列而从出现词序列的最大似然估计值中减掉的部分，称为折扣（discount）。

确定折扣的方法有 Good-Turing 算法、Witten-Bell 算法和 Kneser-Ney 算法等。

Good-Turing 算法是根据公式 (8.4) 对词序列 $w_{i-1}w_i$ 的出现次数 $C(w_{i-1}w_i)$ 进行修正，再根据公式 (8.5)，使用修正后的值 $C^*(w_{i-1}w_i)$ 来估计 2-Gram 的概率。

$$C^*(w_{i-1}w_i) = (C(w_{i-1}w_i)+1)\frac{N_{C(w_{i-1}w_i)+1}}{N_{C(w_{i-1}w_i)}} \tag{8.4}$$

$$P(w_i \mid w_{i-1}) = \begin{cases} \dfrac{C^*(w_{i-1}w_i)}{C(w_{i-1})} & C(w_{i-1}w_i) > 0 \\ \alpha(w_{i-1})P(w_i) & C(w_{i-1}w_i) = 0 \end{cases} \tag{8.5}$$

这里的 $N_r$（$r = C(w_{i-1}w_i)$）代表语料库中出现 $r$ 次的 2-Gram 的数量。这两个公式是为了把出现 0 次的 2-Gram 的概率之和调整为等于出现 1 次的 2-Gram 的概率之和，为此对出现 1 次及以上的 2-Gram 的概率值进行了折扣处理。我们来确认一下这个过程。

对于出现 1 次及以上（即 $C(w_{i-1}w_i) > 0$）的 2-Gram，根据 Good-Turing 算法得出的出现概率之和如公式 (8.6) 所示[①]。

$$\begin{aligned}
\sum_{w_{i-1}w_i: C(w_{i-1}w_i)>0} P(w_{i-1}w_i) &= \sum_{r \geq 1} N_r \frac{r^*}{N} \\
&= \sum_{r \geq 1} \frac{(r+1)N_{r+1}}{N} \\
&= \frac{2 \cdot N_2}{N} + \frac{3 \cdot N_3}{N} + \cdots \\
&= \left(\frac{1 \cdot N_1}{N} + \frac{2 \cdot N_2}{N} + \frac{3 \cdot N_3}{N} + \cdots\right) - \frac{N_1}{N} \\
&= \sum_{r \geq 1} \frac{rN_r}{N} - \frac{N_1}{N}
\end{aligned} \tag{8.6}$$

在这里，所有数据的出现次数之和 $N$，可以用公式 (8.7) 求得。

---

① $r^*$ 与公式 (8.4) 左边的 $C^*(w_{i-1}w_i)$ 是同一类东西。

$$N = \sum_{r \geq 1} r N_r \tag{8.7}$$

把公式 (8.7) 带入公式 (8.6)，得到出现 1 次及以上的 2-Gram 的概率之和，如公式 (8.8) 所示。

$$\sum_{w_{i-1}w_i : C(w_{i-1}w_i) > 0} P(w_{i-1}w_i) = 1 - \frac{N_1}{N} \tag{8.8}$$

也就是说，使用 Good-Turing 算法进行估计的结果是，语料库中未出现的 2-Gram（$C(w_{i-1}w_i) = 0$）的概率之和，与只出现 1 次的 2-Gram 的最大似然估计之和 $N_1/N$ 相等。

将 Good-Turing 算法用于实际的折扣处理时，由于出现 5 次及以下的概率基本不可信，所以都使用公式 (8.5) 进行修正，而出现 6 次及以上的概率是可信的，所以直接使用其概率值。

Witten-Bell 算法使用公式 (8.9) 来估计 N-Gram 的概率。

$$P(w_i \mid w_{i-1}) = \begin{cases} \dfrac{C(w_{i-1}w_i)}{C(w_{i-1}) + d(w_{i-1})} & C(w_{i-1}w_i) > 0 \\ \dfrac{r(w_{i-1})}{C(w_{i-1}) + d(w_{i-1})} & C(w_{i-1}w_i) = 0 \end{cases} \tag{8.9}$$

这里的 $d(w)$ 是在单词 $w$ 之后出现的不同单词的数量。这个公式的意思是，在估计出现 0 次的 2-Gram 的概率时，如果单词 $w_{i-1}$ 后面接的不同单词 $w_i$ 的数量很少，则意味着单词 $w_{i-1}$ 只与特定的单词搭配使用，所以 2-Gram 概率估算得稍微低一些也没关系[1]；相反，如果单词 $w_{i-1}$ 后面接的不同单词的数量很多，则意味着该单词本应与各种各样的单词搭配使用，但由于语料库太小，没有观察到本应出现的这些词序列，所以需要把它的 2-Gram 的概率提高一些。

Kneser-Ney 算法不使用单纯的频率计数，而通过给当前单词前序词的多样性计数来估计 2-Gram 的概率。因为"当前单词的前序词不具有多样性"就意味着可以通过前序词来预测当前单词。反过来看，如果一个单词与当前单词组成的 2-Gram 在语料库中没有出现，那么就可以给这个 2-Gram 分配一个很小的概率。

---

[1] 例如，"言出"一词在大多数情况下后接"必行"，所以"言出"与其他单词的 2-Gram 概率就可以估算得很低。

## 8.4 总结

本章对语音识别中的统计语言模型进行了说明。

比起我们在中学学习的语法知识,在特定任务的语法描述中,和正则表达相关的知识用得更多、更为重要。N-Gram 语言模型的基本思路并不难,但平滑处理方法中有些部分不好理解。

作为基于语法规则的语言模型和统计语言模型的折中方案,有一种被称为类别 N-Gram 的方法。该方法从任务设定开始,会事先把单词汇总成小的集合(比如车站名、星期等)并将其设定为类别,接着要把语料库中与集合相对应的单词都替换成类别名,然后再用 N-Gram 进行训练。这个方法适用于限定任务场景的对话系统,它有一个好处是向类别中添加新单词时很容易处理。

另外,还有一种方法是不只考虑临近的一两个单词的约束,任意上下文信息 $h$ 也要用约束函数的形式来表示,然后用本书 3.4 节说明的判别模型的思路来计算某单词 $w$ 在这个上下文 $h$ 中的出现概率 $P(w|h)$。这种方法称为判别语言模型。

再有,目前人们正在尝试将深度学习框架导入语言模型的训练[1]。比如,有一种方法是用本书 7.3 节说明的深度神经网络,根据输入数据中较长的上下文信息(5 个单词左右)来计算下一个单词的出现概率。还有一种称为循环神经网络的方法也可以用来计算单词的出现概率。它是在上述神经网络的基础上,把 1 个单词之前的隐藏层的信息循环式地反馈给神经网络,从而使网络可以获取更多的上下文信息。

北研二编写的教科书 [21] 详细解说了语言模型的基本思路。高村大野编写的教科书 [22] 则介绍了语言模型的训练等自然语言处理中通用的机器学习方法,是一本很好的入门书。

---

[1] ボッレーガラ・ダヌシカ. 自然言語処理のための深層学習 [J]. 人工知能学会誌, 2014, 29(2): 195-201.

❶ 请调查现在的语音识别系统中用于训练语言模型的数据量的规模。

图解语音识别

# 语音识别：搜索算法

我们已经知道了声学模型 $p(X \mid W)$ 和语言模型 $P(W)$ 的计算方法，那么是不是只要把它们相乘就可以了？

## 9.1 填补声学模型和语言模型之间的空隙

统计语音识别的原理，是求使声学模型 $p(X|W)$ 和语言模型 $P(W)$ 的概率乘积最大的词序列 $\hat{W}$。本书第 6 章说明了给定特征向量序列 $X$ 时如何计算似然度 $p(X|W)$，第 8 章说明了如何计算词序列 $W$ 的先验概率 $P(W)$。

6.1 节曾经介绍过，在声学模型的建模中，主流单位是音素（正确的说法应该是考虑音素上下文环境的三音素）。这是因为，在计算声学模型得分 $p(X|W)$ 的时候，无法对所有不同的词序列都进行建模，因此要以音素为单位建立声学模型，等到识别时再把音素连接成单词和词序列。

而第 8 章也介绍过，在先验概率 $P(W)$ 的建模中使用的单位是单词。如此一来，便产生了声学模型以音素为单位，而语言模型以单词为单位的空隙。为了便于计算，我们必须填补上这个空隙（相当于消除二者单位上的差异）。

解决这个问题比较简单，只要记录下音素序列和单词之间的对应关系即可。也就是说，只要准备一份如图 9.1 所示的单词发音字典就可以了。

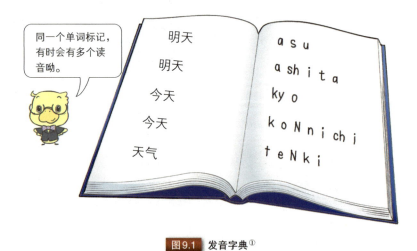

图 9.1　发音字典①

---

① 右侧字母为左侧单词在日语中的音素序列，因涉及后文模型，此处不便汉化，敬请谅解。——编者注

大多数情况下，只要确定了单词，它的音素序列就是唯一确定的了。但是像"今天"这个词，日语中可以读作 /ky o:/，也可以读作 /ko N ni chi/，类似这样同一个标记有多个读音的情况也是存在的。把音素序列记作 $V$，某个单词 $W$ 读作 $V$ 的概率记为 $P(V|W)$。把这个概率带入后验概率的计算公式，就得到了公式 (9.1)。

$$\hat{W} = \arg\max_{W} p(X|V)P(V|W)P(W) \tag{9.1}$$

如果单词标记和读音是一对一的，那么 $P(V|W)$ 的值就等于 1。如果同一标记有多个读音，那么从语料库中估计出来的每个读音的出现概率，就是该标记的 $P(V|W)$ 的值。这样，我们就在理论上填补了声学模型和语言模型之间的空隙。

## 9.2 状态空间搜索

接下来思考公式 (9.1) 的实际计算方法。在语音识别中，使用声学模型 - 发音字典 - 语言模型来求得使后验概率最大的词序列的处理称为解码，执行解码处理的程序称为解码器。

使用公式 (9.1) 时，如果可能的词序列 $W$ 的数量数得过来，那么对所有 $W$ 计算 $p(X|V)P(V|W)P(W)$ 的值，然后再求最大值所对应的 $W$ 即可。但是，如果词表的单词数量上千，那么可能的词序列的数量就等于词表长度的平方，几乎数不过来。这种情况下，可以从前往后按顺序组合单词，生成如图 9.2 所示的状态空间。先从中筛选出高概率候补使空间收缩，再将其与下一个单词组合使空间再次扩张，如此下去就能找到后验概率最大的解（后文称为最优解）。像这样，基于某个方针，一边检查可能的候补一边寻找最优解的处理过程，称为搜索。

在识别中引入搜索处理，是为了在巨大的候补解空间中，把计算限定在那些有可能成为最优解的部分。但是，这个任务并不像说起来那么简单。如何限定这部分，正是本章要探讨的话题。

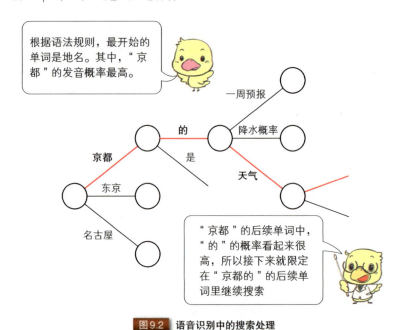

**图 9.2** 语音识别中的搜索处理

例如，在大词汇量连续语音识别中使用 $N$-Gram 作为语言模型，那么在搜索开始的时点，所有的单词都是概率的计算对象。在寻找某个单词可能的后续单词时也是如此，原理上是相同的。图 9.2 的搜索图中虽然只画出了两三个分支，但实际上会有几万个。

但是，真的需要几万个分支吗？因为发音字典是以音素为单位描述的，所以如果以音素为单位，那么分支数量应该也可以减少到和音素数量相同。对于"减少候补单词的分支"这个问题，可以用树形字典（也称字典树）来解决。

但是，即便是把候补单词的分支数量减少到了音素数（最多几十个），如果词表的单词量很大，也还是不能将所有候补都作为搜索对象。第 1 章曾经说过，语音识别在很多场合只有实时输出识别结果才有意义，所以需要结合运行语音识别程序的机器的性能，将搜索的集束宽度限定在一定范围内，从而使搜索可以实时完成。这种算法就是集束搜索（beam search）。

最后，我们来看一看集束搜索的缺点。在集束搜索的过程中，如果有噪声导致某些地方的候补数量变得发散（更容易漏掉正确候补），那么之后的搜索就会容易混乱。我们希望的识别结果是，即使句子的中间部分发生了错误，但是从整句来看，模型仍然能够尽可能多地输出正确的单词。为了达到这个目的，不应优先选取半路上的高分值路径，而应该在如何输出整体最高分上下功夫。这种算法称为多次搜索。

接下来，依次对树形字典、集束搜索和多次搜索进行说明。

## 9.3 用树形字典减少浪费

如上一节所说，如果用衔接单词候补的方式进行搜索，那么在使用 $N$-Gram 语言模型的听写任务中，由于所有的单词都以大于 0 的概率连接，所以分支数量就等于单词数量。通常听写任务的单词数量在 6 万以上，所以分支数量也是 6 万以上。

这么多的分支，在应用下一节说明的集束搜索算法时会造成大问题。单词是通过组合与发音字典相对应的、以音素为单位的 HMM 来表达的，因此以相同音素序列开头的单词，只要后面的音素一直相同，那么它们在 Trellis 空间上的得分就一定是相等的。也就是说，在搜索过程中得分相同的候补会有很多。这样一来，如果集束宽度设定得不合适，使得不以该音素序列开头的单词候补溢出了集束，那么最后就有可能得不到最优解。

因此，我们考虑这样一个字典：在字典中共享音素序列相同的部分，在音素不同的地方进行分支，最后一个音素的后面是单词标记（图 9.3）。有这种结构的发音字典称为树形字典，而这种结构称为字典树（Trie 树），常用作这类字典的数据结构，或用来存储关联数组的键（key）。

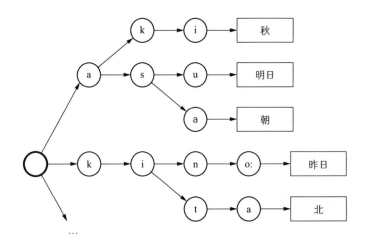

**图9.3** 树形字典

## 9.4 用集束搜索缩小范围

在这里，我们基于公式 (9.1) 来定义搜索空间。基本思路就是在图 9.2 中各个单词的分支处，放入按照发音字典组合在一起的音素 HMM，以此来生成搜索空间。如果一开始就把所有可能的路径都展开，那么这个空间将会非常巨大，所以我们考虑根据搜索的状态变化动态地展开路径。但是，如果以音素那么小的单位进行展开，控制起来会很困难。所以，还可以使用一种动静展开相结合的方法，即在每个单词终结处直接复制上一节介绍的树形字典，这样就能将一组单词展开为具有一定大小的静态网络，并使其与动态展开的网络相结合。

不管哪种方法，只要把反映了发音字典和语言模型结构的 HMM 网络建立起来，再以时间为横轴，以 HMM 的状态为纵轴，就可以将其展开成第 6 章讲解的 Trellis 空间了。Trellis 空间展开后，通过第 6 章介绍的维特比算法（图 9.4）就可以求出最大似然序列。

## 9.4 用集束搜索缩小范围

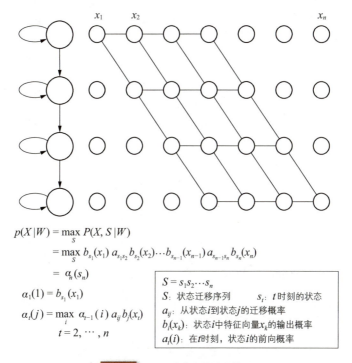

图 9.4　Trellis 空间和维特比算法

但是,实际并不能像理论那样行得通。使用树形字典,尽管可以将分支数量控制在与音素数量相当的程度,但是每个单词终结处都有几十个分支,所以从单词序列长度大概超过 5 的时候,候补数量就会超过常用计算机能够处理的范围。因此,我们考虑用这样一种方式:使用中途的计算结果,优先保留得分高的候补,放弃对其他候补的计算。

图 9.2 所示的例子是在每个分支点上选择概率最高的单词继续搜索。这个方法有风险,一旦在一个分支点选择错误,后面的搜索就有可能会完全跑偏。而集束搜索(图 9.5)的做法是,限定某个节点能够向后计算的候补数量,与此同时进行搜索。这个限定数量称为集束宽度。

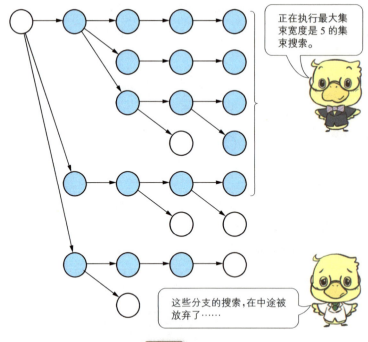

图9.5 集束搜索

因为搜索是横向前进的,所以如果通过集束搜索,在纵向上将使用维特比算法计算概率的节点数控制在一定数量以下,那么搜索的计算量就是一定的,且与搜索的前进方式无关。把这个集束宽度控制在计算机可以实时处理的范围内,就能结合所用硬件的性能实现一个可以实时返回结果的语音识别器。从这个意义上来说,在实时语音识别的解码处理中集束搜索也是一项必须的技术。

## 9.5 用多次搜索提高精度

集束搜索使实时识别变为可能,但是它在搜索后验概率最大的词序列,即最优解时可能会失败。究其原因,可能是语音的开头部分发音不清晰,或者说话人中途改口使语言衔接变得很奇怪等,这些会导致"最优解从集束宽度中漏掉了"。

这时,可以通过多次搜索算法来找到最优解,或者找到与最优解最接近的解。

例如执行二次搜索的情况,就是第一次使用一个比较粗糙的模型进行一次快速比对,第二次再使用一个高精度模型,对可能性高的候补的得分进行精密计算。

在第一次搜索中,粗糙的模型可以使用 2-Gram,或者把单词间的三音素模型用作近似模型来降低计算量,并把尽可能多的信息留给第二次搜索去处理。

在第二次搜索中,因为使用的是高精度模型,所以当然也需要更多的时间,但它毕竟是基于第一次的搜索结果,从离最优解更近的地方开始搜索的,所以效率也比较高。这种搜索方法称为启发式搜索。

启发式搜索是在搜索的分支点参考"哪个分支可能离最优解更近"这样的信息进行搜索的一种方法。这里的信息就称为启发,它的要点是"所用的信息不一定是正确的"。

启发式搜索中有一种方法叫作 A* 搜索。这个方法将使用高精度模型计算出来的到某个分支点的概率记作 $g$,将该分支点以后的启发值记作 $\hat{h}$,然后针对每个节点计算 $f = \hat{h} + g$,按照 $f$ 由高到低的顺序对候补进行展开。

如果启发一定是正确的,那么沿着最优选择一直走下去就可以找到最优解了,但这是不可能的。而即便它不一定正确,但只要能够满足"肯定是一个乐观估计"的条件,解的最大似然性就能得到保证。

这个保证基于这样一个事实:如果启发是一个悲观估计,那么前方即使有最优解,该分支也不会被继续搜索。但是,如果启发过于乐观,那么很多本不是解的分支也会被搜索,效率也会变差。因此,最理想的启发是尽管乐观,但又尽可能接近正确的估计。

大词汇量连续语音识别引擎 Julius 就是先按照语音输入的顺序,使用一个粗糙模型对 Trellis 空间上的得分进行计算,等输入一结束,再用一个高精度模型进行逆序启发式搜索,并输出最终解(图 9.6)。

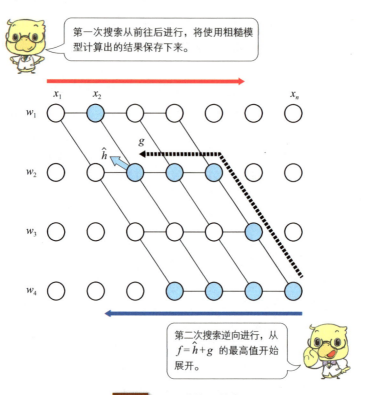

图9.6 Julius 中的 A* 搜索

## 9.6 总结

本章对语音识别中的搜索算法进行了说明。首先在搜索之前,作为声学模型和语言模型之间的空隙填补手段,我们引入了发音字典。然后,针对单纯的搜索空间会导致候补数量暴增的问题,介绍了树形字典和集束搜索,以及求最优解的多次搜索算法。

本书虽然没有说明,但在实际的解码器中,为了追求搜索的快速化和解的最大似然性,需要很多精细的技巧。单词间音素的协同发音、语言模型权重计算的时机等,需要考虑的问题确实很多。正因如此,解码处理是一个很复杂的程序，常常要面临功能扩展困难的问题。

针对这个问题的解决方法之一就是在接下来的章节中要说明的 WFST。

关于在连续语音识别系统中实际使用的搜索算法，李晃伸的论文 [23] 中有详细描述。

❶ 请回答，在集束搜索中，如果集束宽度太窄会发生什么？集束宽度太宽又会发生什么？

❷ 在大词汇量连续语音识别引擎 Julius 中，多次搜索算法沿时间轴正方向对输入句子扫描之后，又沿反方向扫描了一遍。请说明理由。

图解语音识别

# 第 10 章

# 语音识别：WFST 运算

第 9 章曾经说过，功能扩展困难是解码程序面临的一个问题，因此本章和下一章将说明如何用 WFST 来解决这个问题。首先，在本章中我们先来了解一下 WFST 的各种运算。

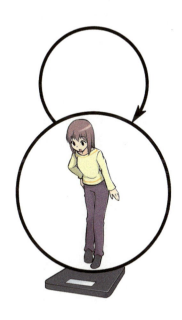

## 10.1 WFST的合成运算

语音识别中的解码问题，通过第 4 章说明的 WFST 就可以很好地解决。大体来说，就是把声学模型 HMM、发音字典的规则和语言模型 $N$-Gram 分别转换成 WFST，再通过合成运算，把它们整合成一个巨大的 WFST。接着，对这个巨大的 WFST 实施确定化、权重移动和最小化等处理，就可以生成一个浓缩了各种约束的网络。最后对这个网络使用基于维特比算法的集束搜索，找出最优解。这就是使用 WFST 的语音识别方法的概要。

如何把到前面学过的各种统计模型转换成 WFST，我们将在下一章学习。本章我们要了解的是 WFST 的合成运算和最优化处理。

首先来说明 WFST 的合成运算。WFST 的合成运算是把转换功能合二为一的二元运算。例如，现在有一个把词序列转换成词性序列的 WFST，还有一个把词性序列转换成句子的 WFST，那么将二者合成，就可以得到把词序列转换成句子的 WFST 了。接下来我们来思考一下这类合成运算的具体过程。

### 10.1.1 FST的合成

首先来思考不带权重的 FST 的合成。这里，我们来想一想将如图 10.1 所示的两个 FST，即 $T_1$ 和 $T_2$ 通过合成运算。合并成 FST $T_1 \circ T_2$ 的步骤。

10.1 WFST 的合成运算 | 125

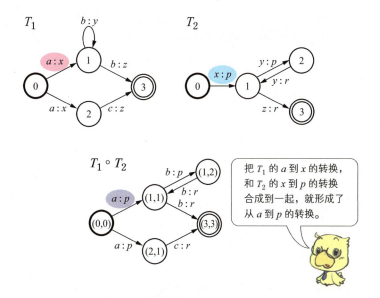

**图 10.1** FST 的合成

基本的思路是如果在 $T_1$ 中有一个迁移可以将输入 $a$ 转换成输出 $x$，在 $T_2$ 中有一个迁移可以将输入 $x$ 转换成输出 $p$，那么只要在合成后的 $T_1 \circ T_2$ 中，构造一个可以将输入 $a$ 转换成输出 $p$ 的迁移就可以了。

按照这个思路，我们从初始状态开始依次循环操作。首先，组合 $T_1$ 和 $T_2$ 的初始状态，并将结果用作 $T_1 \circ T_2$ 的初始状态。然后，从这个初始状态开始，以 $T_1$ 的输出作为 $T_2$ 的输入组合 $T_1$ 和 $T_2$ 的状态迁移，针对所有组合都生成相应的状态迁移。接着，为这些生成的状态迁移生成新的目标状态迁移，即组合 $T_1$ 和 $T_2$ 原来的目标迁移状态，组合的结果就是新的状态。从这个新状态开始的迁移也用同样的方法组合即可。将这个算法正式地描述出来，可以表示为 Algorithm 10.1。

### Algorithm 10.1 FST 的合成算法

**输入**：FST $T_1, T_2$
**输出**：合成后的 FST $T_1 \circ T_2$

    for each $(q_1, q_2) \in I_1 \times I_2$ do
      $I \leftarrow I \cup (q_1, q_2)$
    end for
    $Q \leftarrow I$
    $S \leftarrow I$
    while $S \neq \emptyset$ do
      $(q_1, q_2) \leftarrow$ dequeue $(S)$
      if $(q_1, q_2) \in F_1 \times F_2$ then
        $F \leftarrow F \cup (q_1, q_2)$
      end if
      for each $(e_1, e_2) \in E[q_1] \times E[q_2]$ such that $o[e_1] = i[e_2]$ do
        if $(n[e_1], n[e_2]) \notin Q$ then
          $Q \leftarrow Q \cup (n[e_1], n[e_2])$
          enqueue $(S, (n[e_1], n[e_2]))$
        end if
        $E \leftarrow E \cup ((q_1, q_2), i[e_1], o[e_2], (n[e_1], n[e_2]))$
      end for
    end while
    return $T = (\Sigma_1, \Delta_2, Q, I, F, E)$

这个算法把 FST $T_1 = \{\Sigma_1, \Delta_1, Q_1, I_1, F_1, E_1\}$ 和 FST $T_2 = \{\Sigma_2, \Delta_2, Q_2, I_2, F_2, E_2\}$ 合成了 FST $T_1 \circ T_2 = \{\Sigma_1, \Delta_2, Q, I, F, E\}$。

整体来看，它使用了一个记作 $S$ 的队列[1]结构来管理后续将会作为检查对象的状态集合，从而逐步生成 $T_1 \circ T_2$ 的状态集合 $Q$、初始状态集合 $I$、最终状态集合 $F$ 和迁移集合 $E$。算法中的 $i[e]$ 代表迁移 $e$ 中的输入，$o[e]$ 代表迁移 $e$ 中的输出，$n[e]$ 代表迁移 $e$ 的目标迁移状态。另外，

---

[1] 将数据按照其进来的顺序存放，先进来的数据先出去的一种结构。可以把它想象成购物时收银台的等待队列。

合成后的 FST 的状态表示成了"($T_1$ 的状态, $T_2$ 的状态)"这样的二元组,迁移表示成了"(迁移源状态,输入,输出,迁移目标状态)"这样的四元组。

首先把 $T_1$、$T_2$ 各自的初始状态组合在一起,并将结果作为 $T_1 \circ T_2$ 的初始状态 $I$。然后把它放入队列 $S$,从这里开始搜索。

函数 dequeue 的作用是从队列中取出一个数据。因为在队列 $S$ 中还有待展开的状态,所以从中取出一个状态,记为 $(q_1, q_2)$。如果在下面的 if 语句中,这个状态是最终状态($q_1$、$q_2$ 分别是各自 FST 的最终状态),就把它加入到最终状态集合 $F$ 中去。然后,从这个状态开始,如果有 $T_1$ 的输出记号与 $T_2$ 的输入记号一致的迁移,就把这个迁移合并后加入到迁移集合 $E$ 中去。这时,如果作为迁移目标状态的 $(n[e_1], n[e_2])$ 还没有进入状态集合 $Q$,就把这个状态加入 $Q$,同时通过调用 enqueue 函数把它也加入队列 $S$ 中。

对算法进行循环直到队列 $S$ 变空为止,这样就可以把两个 FST,即 $T_1$ 和 $T_2$ 合成为如图 10.1 所示的 FST $T_1 \circ T_2$。

### 10.1.2 带权重的合成

把 FST 的合成算法应用于 WFST 时,只要在合成操作中把权重因素加上即可,但是我们需要提前考虑一下把概率当权重时的问题点。

合成运算的最后,我们要针对合成了声学模型、发音字典和语言模型的 WFST 计算概率的负对数,并基于维特比算法进行搜索。也就是说,概率乘法被置换成了加法,独立概率的加和处理被置换成了取最小值处理。另一方面,对 WFST 进行合成和最优化时,如果把 WFST 当作普通的概率自动机来处理,即求合成后的边的权重时使用乘法运算,求汇合后的边的权重时使用加法运算,那么输入数据后求输出权重的搜索运算,与对 WFST 进行合成和最优化时的运算就失去了一致性。

那么,在对 WFST 进行合成和最优化时,是不是也将概率乘法置换成加法,将概率的加和处理置换成取最小值处理就可以了呢?能够回答这个疑问的是数学中的群论。

群论中定义了集合元素间的抽象运算。如果这个抽象运算满足群的公理，那么这个集合就会对这个抽象运算构成一个群，能够适用在群上已经被证明的各种各样的定理。群的公理如下所示[1]。

1. 关于 ⋆ 的运算是封闭的（对群中的任意元 $a$ 和 $b$，$a \star b$ 也是群中的元）。
2. 对任意元，结合律 $(a \star b) \star c = a \star (b \star c)$ 都成立。
3. 存在单位元 $e$，使得 $a \star e = e \star a = a$。
4. 对任意元 $a$，存在逆元 $b$，使得 $a \star b = e$。

在群中再加入一个抽象运算的结构就是环。这两个抽象运算分别记作加法⊕和乘法⊗[2]。在环中，对于加法，在满足群的公理的基础上还要再增加一条要求：满足交换率 $a \oplus b = b \oplus a$。乘法也要求满足交换率，但是不要求存在逆元。另外，对于加法和乘法都要求满足分配率 $(a \oplus b) \otimes c = (a \otimes c) \oplus (b \otimes c)$。

不要求加法存在逆元的环称为半环。如表 10.1 所示，以 0 到 1 之间的概率值为元素构成的集合，对通常的加法和乘法构成了半环。另外，热带半环（tropical 半环）也满足这个结构。

表10.1 概率半环和热带半环的比较

| 半环名称 | 集合 $K$ | 加法⊕ | 乘法⊗ | 单位元（加法） | 单位元（乘法） |
|---|---|---|---|---|---|
| 概率半环 | [0, 1] | + | × | 0 | 1 |
| 热带半环 | $[-\infty, +\infty]$ | min | + | $\infty$ | 0 |

也就是说，将乘法置换成加法、将加法置换成取最小值处理的效果，其实与处理概率值的运算是一样的。另外，这个半环结构有几个性质可以使 WFST 的最优化处理变得更简单。

如果使用热带半环，WFST 的合成将变成如图 10.2 所示的样子。具体来说，就是在 Algorithm 10.1 的基础上增加了一个处理：使用热带半环中的乘法⊗（通常的加法）对初始状态、边和最终状态的权重进行合成。

---

[1] 群论中，集合的元素称为元。
[2] 在理解定义时请大家先把它们当作通常的加法和乘法。

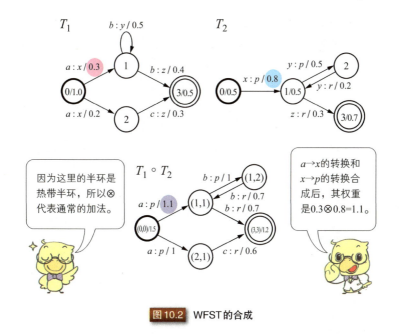

图 10.2　WFST 的合成

## 10.2　确定化

在上一小节说明的 WFST 的合成操作中，状态的迁移是由合成前 WFST 各个状态的组合来决定的。这样合成后的 WFST，其状态数量可能会有很多。语音识别需要在声学模型、发音字典、语言模型多个阶段进行合成运算，所以最后得到的 WFST 的规模会达到不可控的程度。对于这个问题，通过执行由确定化、权重移动和最小化三个步骤组成的最优化操作来减少迁移数量和状态数量就可以解决了。

首先来说明确定化。所谓确定化，就是把包含非确定性的自动机转换为确定自动机。所谓确定自动机，就是给定输入符号后只有一个迁移目标状态与之对应的自动机；而所谓非确定自动机，就是有一个以上的状态，对于一个输入符号有多个可能的迁移目标与之对应的自动机。

由于进行过确定化处理的 WFST 基本上能在与输入符号数量成比

例的时间内完成输出的转换,因此在要求进行实时处理的语音识别系统中,确定化操作具有非常重要的意义。

这里仍然先考虑不带权重的 FSA 中的确定化处理,使用图 10.3 的例子说明处理步骤。图 10.3 最上面的 FSA 中,状态 1 的迁移目标和状态 5 的迁移目标是不确定的。对于状态 1,输入 $a$ 后可以迁移到状态 2 和状态 5 中的任意一个;对于状态 5,输入 $s$ 后可以迁移到状态 6,也可以迁移到状态 7(因为状态 6 到状态 7 的迁移是空字符串 $\epsilon$,所以可以这样认为)。

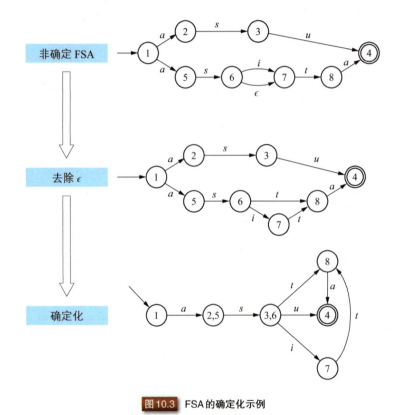

**图10.3** FSA 的确定化示例

确定化处理的第一步是把 $\epsilon$ 迁移后的状态上的迁移,提前(复制)到 $\epsilon$ 迁移前的状态上来,这样就去除了 $\epsilon$。然后从初始状态出发,如果相同输入符号的迁移有多个，就把迁移目标的状态汇总成一个新状态。接着再从这个新状态出发，重复进行同样的处理，直到不再有新状态出现。另外，在生成新状态时，只要其中包含一个最终状态，那么汇总后的新状态就也是最终状态。

把这个处理步骤扩展到 WFST 时有些复杂。首先，因为存在输入相同但输出不同的情况，所以遇到这种情况时要把输出符号的信息带到迁移目标状态中，再从该目标状态出发进行迁移，如果能够确定输出是什么，就输出带过来的符号。其次，如果给同一输入的两个不同输出分配了不同的权重，就把权重的最小值当作新权重，剩余的权重则带到下一个迁移中（图 10.4）。

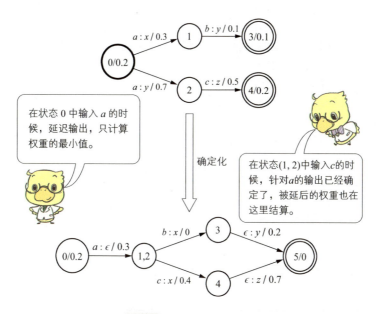

图 10.4　WFST 的确定化示例

WFST 的确定化处理可以表示为 Algorithm 10.2。队列 $S$ 与合成处理时一样，保存作为检查对象的状态。另外，确定化后的状态，在计算中途使用三元组"(原 WFST 的状态，带过来的输出符号串，带过来的权重)"来表示，最后再置换成序号。

### Algorithm 10.2 WFST 的确定化算法

输入：WFST $T$
输出：确定化后的 WFST $T' = (\Sigma, \Delta, Q', I', F', E', \lambda', \rho')$
  $i' \leftarrow \{(i, \epsilon, \lambda(i)) | i \in I\}$
  $\lambda'(i') \leftarrow$ 乘法的单位元
  $Q \leftarrow \{i'\}$
  $S \leftarrow \{i'\}$
  while $S \neq \emptyset$ do
    $p' \leftarrow$ dequeue $(S)$
    for each 从 $p$ 出发且输入符号 $x$ 相等的边 $e$ do
      $y' \leftarrow p'$ 中剩余的输出与 $e$ 的输出相连接之后的共通部分
      $w' \leftarrow p'$ 中剩余的权重与 $e$ 的权重的乘积之和
      $q' \leftarrow$（$e$ 的迁移目标，从剩余输出中减掉 $y'$ 后的部分，从剩余权重减掉 $w'$ 后的部分）
      $E' \leftarrow E' \cup \{(p', x, y', w', q')\}$
      if $q' \notin Q'$ then
        $Q' \leftarrow Q' \cup q'$
        if $q'$ 的原状态是最终状态 then
          $F' \leftarrow F' \cup q'$
          计算最终状态的权重
        end if
        enqueue $(S, q')$
      end if
    end for
  end while
  return $T' = (\Sigma, \Delta, Q', i', F', E', \lambda', \rho')$

## 10.3 权重移动

权重移动处理，是将 WFST 中设定的权重尽可能往靠近初始状态的方向移动的处理（图 10.5）。当然，权重移动前后，相同输入/输出的权重值不变。权重移动的目的是增加搜索的效率。

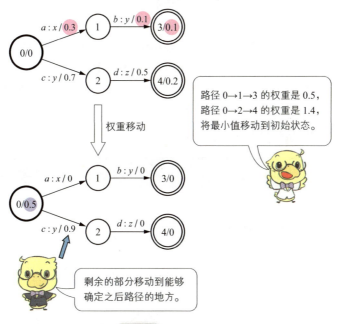

**图 10.5** 权重移动示例

在使用 WFST 的语音识别中，对经过合成、最优化处理后的 WFST 寻找最优解是通过基于维特比算法的集束搜索来完成的。使用集束搜索就意味着，在某个时点的候选数被限定在了事先确定的个数内。随着搜索向后展开，如果提前知道了哪些候选到达最优解的可能性高，那么就可以从集束中扔掉其他候选，同时那些实力候选被排除在集束之外的可能性也会降低。从搜索整体来看，经过权重移动处理后求得最优解的可能性提高了，这会直接带来语音识别精度的提高。

## 10.4 最小化

一般来说，实现相同功能的 FSA 可以生成多个。但是，其中状态数量最小的只有一个。将给定的 FSA 转换为状态数最小的 FSA 的处理，称为最小化。

最小化的基本处理步骤是先把状态分割为最终状态和其他状态两个集合，然后列出从每个状态出发输入什么符号迁移到哪个集合，接着从现在的集合中将无论输入什么符号都迁移到同一个集合的状态分割出来组成一个子集。重复这个处理，直到集合不再有变化为止。

在 WFST 的最小化处理中，把各个弧的标签"输入：输出 / 权重"当作一个输入，就可以像通常的 FSA 那样进行最小化处理了。用 Algorithm 10.3 可以对 WFST 进行最小化处理。

---

**Algorithm 10.3 WFST 的最小化算法**

输入：WFST $T$
输出：最小化后的 WFST $T'$
  $P$ ← 权重相等的最终状态的集合 ∪ 最终状态以外的状态集合
  **while** $P$ 可以被分割 **do**
    $L$ ← 针对 $P$ 的各个状态集合，在集合之间迁移的输入符号
    将 $P$ 的元素分割为对所有的 $L$ 迁移都相同的集合
  **end while**
  **return** 以 $T' = P$ 的元素为状态构成的 WFST

---

图 10.6 展示了 FSA 最小化的一个示例。

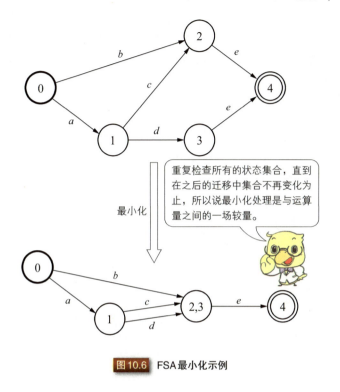

图10.6 FSA最小化示例

## 10.5 总结

　　使用了 WFST 的语音识别通过自动机的合成处理，将复杂的搜索问题变成了单纯的转换问题。但是，由于合成后的 WFST 是一个非常巨大的网络，所以我们要利用自动机的确定化、权重移动和最小化处理，将其控制在识别时所用计算机的计算能力和内存容量范围内。

　　将基于 WFST 的语音识别总结得最好的书，当属堀贵明等人的专著 [13]。

❶ 请按照 Algorithm 10.1 的处理步骤,合成将单词转换成词性的 WFST(图 10.7a)和将词性转换成句子的 WFST(图 10.7b)。①

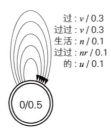

(a) 将单词转换成词性的 WFST ②

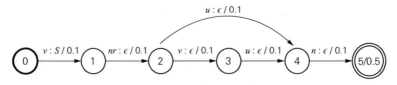

(b) 将词性转换成句子的 WFST

图 10.7 WFST

---

① 本道思考题中具体的汉语模型和思考题答案皆由自然语言处理开源项目 HanLP 作者、《自然语言处理入门》作者何晗(@hankcs)友情提供,在此深表感谢。——编者注

② 词性请参考 PKU 词性标注集。$v$ 是动词、$n$ 是名词、$nr$ 是人名、$u$ 是助词。——编者注

图解语音识别

第 **11** 章

# 语音识别：使用 WFST 进行语音识别

如果能把 HMM 和 N-Gram 转换成上一章说明的 WFST，再对转换后的 WFST 进行合成，那么语音识别就变成单个 WFST 的搜索问题了。

## 11.1 WFST转换

本章要说明两件事，一是如何用WFST来表示语音识别构成要素"声学模型""发音字典"和"语言模型"，二是WFST的搜索。

如果能够生成一个以语音特征向量序列为输入、以词序列为输出的WFST，并且能够将WFST的权重作为后验概率的话，那么就可以使用WFST在统计识别的框架内进行语音识别了。

由于直接生成这样的WFST很困难，所以我们分三步进行。

1. 把声学模型（HMM）、发音字典和语言模型分别用WFST来表示。
2. 把生成的三个WFST用合成运算转换成一个巨大的WFST网络。
3. 通过确定化、最小化处理，把WFST网络转换成高效的搜索空间。

使用WFST进行语音识别的概要如图11.1所示。

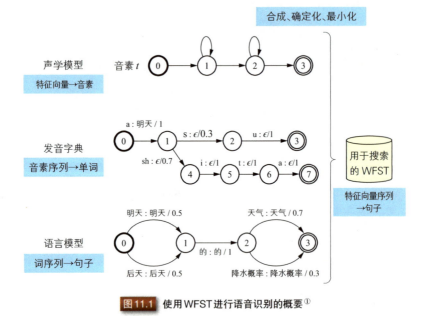

**图11.1** 使用WFST进行语音识别的概要[1]

如果把用HMM表示的声学模型转换成WFST，那么结果就是一个

---

① 图中涉及的单词和其音素序列的对应关系请参见第9章中的图9.1。——编者注

以特征向量为输入，最终会输出音素及其对应权重的转换器。由于发音字典表示了"某个单词是用什么样的音素序列来表达的"，所以它可以看作是以音素序列为输入，最终会输出单词及其对应权重的 WFST。另外，语言模型可以看作是以词序列为输入，如果接收该输入，就会输出组成句子的词序列及其对应权重的 WFST。

像这样，将声学模型、发音字典和语言模型都用 WFST 来表示，然后通过合成，就可以将它们转换成一个 WFST 了。但是单纯的合成所生成的 WFST 会是一个巨大的网络，所以还要对这个巨大的网络进行确定化和最小化处理，这样就能在实际的识别中实现快速搜索了。

## 11.2 声学模型的WFST转换

首先，我们来思考将声学模型的 HMM 转换成 WFST 的方法。HMM 是以三音素为单位生成的结构，如图 11.2 所示。其中，状态迁移概率 $a$ 和输出特征向量的概率密度函数 $b$，都是已经通过训练求出的参数。

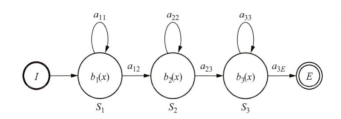

图 11.2　音素HMM

当我们想关联 HMM 的输入和 WFST 的输入时，就会发现一个问题：HMM 是对输出进行建模的结果，它没有输入。当然，这个问题也好解决，只要把特征向量当作输入，把与 HMM 对应的音素当作输出来考虑就可以了。但是，这样考虑也有问题，而且是更加根本性的问题：HMM 的输入是连续值，而 WFST 是以离散符号串为输入/输出的转换器，不能直接处理连续值。

因此，我们把表示所有可能的特征向量的元符号用 $x$ 来表示。这样一

来，图 11.2 中的 HMM 就可以表示成如图 11.3 所示的 WFST 了。WFST 各个弧上标注了"输入符号：输出符号／权重"。例如，从初始状态 $I$ 到状态 $S_1$ 的迁移弧上标注了 $x{:}e/b(x|S_l)$，$x$ 表示无论什么特征向量都会被当作输入符号来处理，$e$ 表示输出音素，$b(x|S_l)$ 代表状态 $S_l$ 中向量 $x$ 的输出概率（但是由于 $I$ 是初始状态，所以这种情况下就是初始状态的权重）。

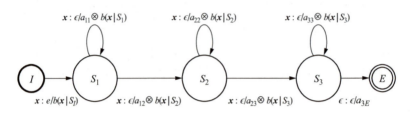

图11.3 由 HMM 转换来的 WFST

但是这样的话，作为部分权重的 $b(x|S_i)$（$i = 1, 2, 3$）的值是不确定的（依赖于输入 $x$），所以不能够与发音字典和语言模型的 WFST 进行合成。因此，我们将这里的 WFST 分割成两个，一个是输入特征向量，输出状态和权重的 WFST，另一个是用加权的形式表示状态迁移的 WFST（图 11.4）。先把图 11.4 上方的 WFST 与发音字典和语言模型的 WFST 进行合成，构造搜索空间，然后一边整合通过图 11.4 下方的 WFST 依次得到的权重，一边执行搜索。

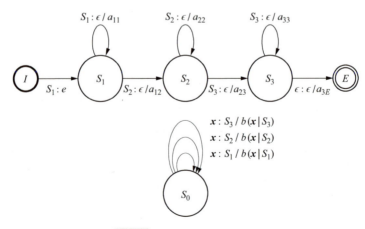

图11.4 分割表示 HMM 的 WFST

## 11.3 发音字典的WFST转换

发音字典描述了每个单词是如何发音的。如图 11.5 所示,日语中"明天"这个单词标记对应 /a s u/ 和 /a sh i t a/ 多个音素序列,这种情况下,各音素序列可以用 FST 来表示。如果各音素序列的发音概率已经估计出来了,就可以把它作为权重,用 WFST 来表示各音素序列。

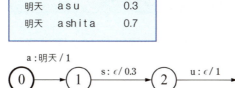

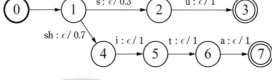

图11.5 把发音字典转换为WFST

在同音异义词的最后添加用来区别的辅助符号,就可以把它们当作不同的序列来处理了(图 11.6)。

图11.6 发音字典中同音异义词的处理

这个发音字典之后将被整合进语言模型中。整合时,如果只看各个单词对应的音素序列,就会产生单词不匹配的问题。只看单个音素序列时它确实对应着唯一的单词标记,但当它与其他音素并排在一起时,就可能会出现分词歧义的问题。比如,/zhōng xué/ 这样一个音素序列在发音字典中只对应"中学"这个标记。但是,这个词排列在发音为 /cóng/ 和 /dào/ 的词之间时会产生歧义,应该是"从中 / 学到",还是"从 / 中学 / 到……"呢?不能判断到底是哪种情况就意味着"不能进行确定化处理"。确定化是确保能够对合成后的 WFST 进行快速搜索的必要处理，如果不能进行确定化，基于 WFST 进行快速搜索这一构想本身就崩塌了。所以，为了避免这个问题发生，我们在发音字典中需要给没有同音异义词的单词的末尾也添加辅助记号，以消除可能发生的分词歧义，然后再进行 WFST 转换。

## 11.4　语言模型的WFST转换

接下来考虑将语言模型转换为 WFST 的方法。第 8 章曾经说过，语言模型有基于语法规则的模型，也有基于 N-Gram 的模型。

语法规则在语音识别中作为语言模型使用时，大多限定于正则语法范围。从正则语法到 WFST 的转换很简单。原本正则语法就可以如图 11.7 那样由 FSA 来表示，所以把相同的词序列同时作为输入和输出，语法规则中如果有概率信息，再把概率当作迁移概率，WFST 就构成了。由于输入和输出是相同的词序列，所以看起来好像什么转换也没做，但是有语法错误的词序列不会被接收，所以这个模型相当于是对输入进行了语法正确性的判断。

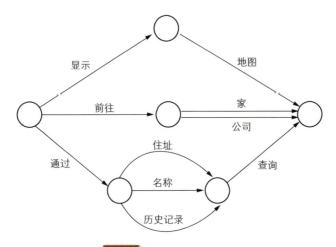

图 11.7　用 FSA 表示正则语法

而使用 $N$-Gram 模型时，把长度为 $N-1$ 的词序列当作一个状态，把 $N$-Gram 概率当作迁移概率就可以用 WFST 来表示语言模型了。图 11.8 展示了输入符号 $\Sigma=\{a, b\}$ 的情况下，用 WFST 表示的 3-Gram。

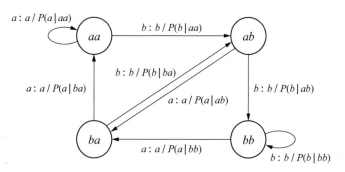

图 11.8 用 WFST 表示 3-Gram

但是，单词数量一旦增多，$N-1$ 分组数量就会暴增，结果得到的 WFST 的状态数也会暴增。

此时，可以直接使用建立 $N$-Gram 时出现在图 8.3 中的分类。如果词序列存在（即 $C(w_{i-1}, w_i) > 0$ 的情况），就根据这个词序列的 $N$-Gram 概率进行迁移，如果词序列不存在（即 $C(w_{i-1}, w_i) = 0$ 的情况），就先迁移到新定义的回退状态，再根据 $N-1$ Gram 的概率进行迁移，这样就能够减少状态的数量。

比如，我们设定单词有 $a$、$b$、&lt;s&gt;、&lt;/s&gt; 这 4 种，其中 &lt;s&gt; 和 &lt;/s&gt; 分别是句首和句尾的标记。另外，设定序列 $ab$ 在 2-Gram 中有定义，而序列 $ba$ 在 2-Gram 中没有定义（即 $P(ba)$ 的计算需要使用回退）。

这样一来，与这个 2-Gram 对应的 WFST 就如图 11.9 所示[①]。使用这个 WFST 来计算 $P(\text{<s>}ab\text{</s>})$ 和 $P(\text{<s>}ba\text{</s>})$ 各自的值，计算公式如下所示。

$$P(<s>ab</s>) = 1 \otimes P(a|<s>) \otimes P(b|a) \otimes P(</s>|b) \quad (11.1)$$

$$P(<s>ba</s>) = 1 \otimes P(b|<s>) \otimes \alpha(b) \otimes P(a) \otimes P(</s>|a) \quad (11.2)$$

---

① $\alpha$ 是图 8.3 中的回退系数。

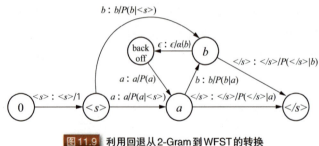

图11.9 利用回退从2-Gram到WFST的转换

## 11.5 WFST的搜索

我们按照前面介绍的步骤，就可以把声学模型、发音字典和语言模型分别转换成 WFST 了。然后再对转换后的三个 WFST 使用上一章说明的合成运算，就可以生成能够以特征向量序列为输入，以词序列及其对应权重为输出的 WFST 了。

这个合成的 WFST 一般来说规模巨大，所以还要对其进行确定化、权重移动和最小化处理，以便得到一个在普通计算机的内存中也能够展开的规模适当的网络。

对这个网络使用基于维特比算法的集束搜索，就可以求出得分最高的解，这就是基于 WFST 的语音识别（图 11.10）。

> 只进行单纯的集束搜索即可，不需要动态展开假设或近似得分等处理。

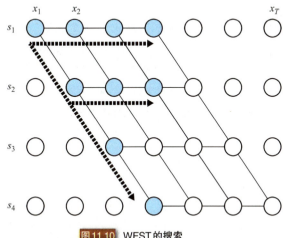

图11.10　WFST的搜索

搜索是把以特征向量为输入计算各个状态权重的处理，和如图 11.4 所示的 Trellis 搜索整合起来进行的。其中，在计算权重时使用概率的负对数，合成权重时使用热带半环中的乘法，也就是通常的加法。而合成来自不同路径的权重时，则使用热带半环中的加法，也就是实际的取最小值处理。如此一来，就既能避免由概率连乘带来的下溢[①]问题，也能使用快速的维特比算法来求最优解了。

## 11.6　总结

将 HMM、发音字典和 $N$-Gram 语言模型转换成 WFST，并在识别之前对这三个 WFST 进行合成、确定化和最小化处理，就会使之成为一个巨大的静态网络。这个网络在内存充足的计算机上可以静态展开，在

---

① 发生下溢是指程序的浮点变量变得比能够表示的最小值还小。

此之上，执行不需要复杂调整的维特比集束搜索，即可求出具有最高得分的解。

❶ 基于 WFST 的语音识别分为两个处理：将统计模型转换成 WFST 的处理，和对 WFST 进行搜索的处理。如此一来，即使统计模型发生了变化，搜索处理也不会受到影响。利用这一点，把语音识别结果作为输入的 WFST 可以实现什么样的应用呢？请思考一下答案。

图解语音识别

第**12**章

# 语义分析

语音识别得到的结果是词序列,而计算机是无法直接理解其含义的。因此,如果我们想与计算机进行语音对话或者用语音来操作机器,就需要将语音识别结果的词序列转换为计算机能够理解的语义表示。

## 12.1 什么是语义表示

如果选择了语音作为机器的输入接口,那么用户在输入语音时是期待系统能够做出某种响应,或执行某种动作的。为了让系统做出响应或执行动作,我们需要从语音识别的结果,即词序列中提取出用户的意图或语义。

意图是用户想要让系统做些什么,而语义是指想要让系统做的具体内容。人们在日常对话时,往往会非常巧妙地从说话内容中提取出彼此的意图。例如,向坐在窗口的人说"稍微有点冷了啊"的实际意图是想让对方关上窗户。为了能够向系统传达这种级别的意图,需要针对说话人之间的社会关系,以及当时的场景进行建模。对于机器来说,识别这种级别的意图还为时尚早。

另外,从语义方面来看,人们有时会传达超出字面意思的"言外之意"。例如,在与推荐晚餐菜单的系统对话时,如果用户说"这个昨天吃过了",实际上是表示回绝系统建议的意思。

让计算机像人类那样分析对话中的意图和语义是非常困难的。因此,退而求其次,语音对话系统或语音交互接口的目标通常是准确、没有歧义地提取出用户让系统"做什么"和"如何做"这类信息。

例如,假设有一个提供了信息检索功能的系统,那么语音识别首先就要判断出用户想要进行信息检索,接下来再从用户所说的话中提取出应该检索的内容,这样一来就实现了语音检索的功能。这一处理过程称为语义分析,语义分析处理的输出就是语义表示。通常,语义表示中包含了用于对说话意图进行分类的信息。

图 12.1 是用于查询天气的对话系统中语义表示的示例。

如图中所示,语义表示的开头是 ask_weather,这样的信息被称为话语类型,用来决定之后的系统行为。确定话语类型的工作相当于意图分析。

## 12.1 什么是语义表示

告诉我明天京都的天气

[ ask_weather,
　 location = "京都",
　 day = "明天" ]

**图12.1** 语义表示的生成

通常，话语类型决定了其应该附带的信息项目。在图 12.1 的这个例子中，话语类型是"查询天气"，所以需要附带查询人想要知道的是"何时"（day）、"何地"（location）的天气这类信息。话语类型附带信息的格式为"slot 名称 = 值"。话语类型和 slot 信息的组合可以看作信息的框架（frame），因此称为"语义框架"。

除了语义框架之外，作为语音分析结果的语义表示还有几种表现形式。

例如，如果能将词序列转换成逻辑公式，那么系统就能够以这个逻辑公式为输入，执行人工智能领域中已经研究成功的逻辑推理，以此来确定响应或动作。在 1990 年前后，人们开发出了几个将逻辑公式转换为语义表示的对话系统。但是，这些逻辑公式的表现形式大多依赖于实现设定好的任务，分析方法和对话管理方法都很难泛化，因此近年几乎没再使用。

另外，图也是语义表示的一种形式。在以提供信息为主要目的的对话系统中，可以将语义网（semantic web）用作背景知识库。语义网可以理解为由互联网上共享的知识构造而成的巨大的知识图谱[①]，它使用的语义表示形式是 SPARQL（SPARQL Protocol and RDF Query Language），所以将 SPARQL 用作查询语句就可以对语义网进行检索了。图 12.2 表示的是将 SPARQL 用作语义表示进行问答的例子。

人们在对话系统研究的初期，曾经尝试过在以数据库为背景知识库

---

① 有一些专门收集基于语义网的知识表示的网站，例如 Freebase。

的对话系统中,将查询语句转换为数据库查询语言 SQL。使用语义网技术的方法和这些方法的区别在于,语义网的知识表示包含了逻辑推理功能,并且针对互联网上流通的主要信息,语义网技术采用了通用本体<sup>①</sup>的表达形式。其优点在于通用本体规范了 slot 名称和值类型的格式,进而实现了不同系统间的通用数据访问。

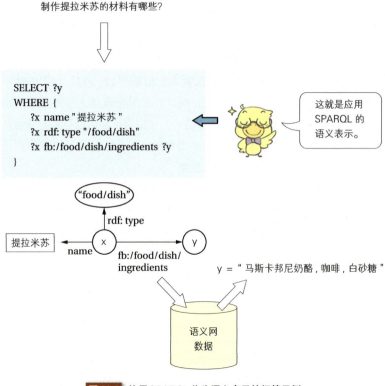

图12.2 使用SPARQL作为语义表示的问答示例

例如,某些菜肴和材料之间的关系在语义网的知识库 Freebase 中会如下表示。

https://www.freebase.com/food/dish/ingredients

它被称为 URI(Uniform Resource Identifier),形式类似网站地址 URL

---

① 本体指的是规定了概念之间的关系或概念的属性等内容的知识表示。

(Uniform Resource Locator)。和使用 URL 就可以在世界上的任何地方访问同一个网页一样,在世界上的任何程序中通过一个 URI 获取到的关系都是一致的。这就是通用本体的思路。

但是,如果像这样的本体不止一个该怎么办?这时就轮到推理功能出场了。例如,通过记录像"这个 URI 表示的关系和那个 URI 表示的关系是相同的"这样的规则,就能使用推理功能来合并多个知识。

## 12.2 基于规则的语义分析处理

在语义分析中,针对语义表示的不同复杂程度,有各种各样的处理方法。最简单的实现方法是将语义分析规则混合在语法规则中(图 12.3)。这个方法被广泛用于目前正在投入使用的语音交互接口或交互式语音应答系统中。

```
$ 句子 → $ 显示 | $ 设定 | $ 查询
$ 显示 → 显示地图 {{display_map}}
$ 设定 → 前往 $ 登记地址 {{set_direction,location=rules.latest()}}
$ 查询 → 通过 $ 手段 查询 {{search,method=rules.latest()}}
$ 登记地址 → 自己家 {home} | 公司 {w_place}
$ 手段 → 住址 {address} | 名称 {name} | 历史记录 {history}
```

用{}扩起来的部分是语义分析规则。rules.latest() 是分析箭头右边的非终结符后得到的值。

图 12.3 将语义分析规则混合在语法规则中的描述

例如,向车载导航系统中输入"通过住址查询"后,句法分析就会如图 12.4 所示进行。句法树形图顶端的非终止符"$ 句子"所对应的语义表示就是求得的语义表示。

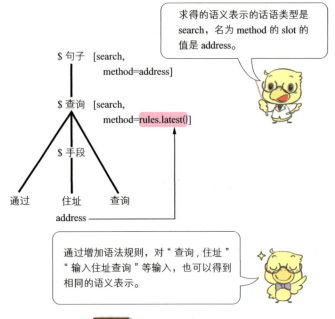

图12.4 基于规则的语义分析步骤

我们把语义分析规则与句法规则绑定到一起，在进行句法分析时也将语义分析规则应用进去，这样就能让句法分析和语义分析同时进行。

按照句法规则"$手段→住址"，单词"住址"可以替换为非终止符"$手段"。由于终止符"住址"中定义的语义表示是 address，因此规则左边的非终止符"$手段"的语义表示也是 address。

接下来，右边第二项是"$手段"的规则是图12.3中的"$查询→通过 $手段 查询"。输入的其余部分"通过"和"查询"对应的就是规则中的"通过 查询"。因为已经明确了这个输入在句法上是可行的，所以该输入可以解释为这个规则所附带的语义表示 [search, method=rules.latest()]。函数 rules.latest() 返回的是最后被应用的规则的语义表示。在这里，由于返回的是 address，所以最终生成的语义表示就是 [search, method=address]，也就是位于规则左边的"$句子"的语义表示。

很多小型的语音识别任务会将语法规则用作语音识别的语言模型，大多数情况下它们可以用这样的方法来实现语义分析。

## 12.3 基于统计的语义分析处理

上一小节中介绍的是基于规则的语义分析处理，这种处理只有在输入语句被限定在特定语法范围时才行之有效。但是，日常用语的语法及其对应的语义分析规则很难描述，因此这类情况需要和语音识别一样，使用如公式 (12.1) 所示的统计方法。

$$\hat{M} = \arg\max_{M} P(M|W) \tag{12.1}$$

其中 $W$ 是语音识别结果词序列，$\hat{M}$ 是使后验概率 $P(M|W)$ 取最大值的语义表示。

和语音识别的步骤一样，求使后验概率最大的语义表示 $\hat{M}$ 的方法有两种：生成模型和判别模型。生成模型的方法就是"运用贝叶斯定理将后验概率最大化的问题转换为先验概率和似然度乘积最大化的问题"，而判别模型的方法则是"对后验概率直接建模"。

生成模型会运用贝叶斯定理将公式 (12.1) 转换为公式 (12.2)。

$$\hat{M} = \arg\max_{M} P(W|M)P(M) \tag{12.2}$$

此处的语义表示使用了经过扁平化处理后的语义框架。扁平化是指消除话语类型和 slot 的区别，将它们一起做成单纯的序列。另外，由于语义表示确定以后 slot 的值就可以提取出来了，所以这里还要消去 slot 的值，只保留各 slot 的名称。这样的语义表示称为基于概念序列的语义表示。

如此定义语义表示之后，对车载导航系统说"将目的地设为自己家"，那么基于概念序列的语义表示如下所示。

*M= location, set_direction*

而如果说"去公司"，那么语义表示如下所示。

*M= set_direction, location*

对于这样的语义表示，求 $P(M)$ 的方法和求语言模型得分的方法是相同的，可以通过 $N$-Gram 来近似求解。例如使用 2-Gram 近似，$P(location, set\_direction)$ 就可以通过公式 (12.3) 来求得了。

$$P(location, set\_direction) = P(location|\langle c \rangle)$$
$$\times P(set\_direction|location) \quad (12.3)$$
$$\times P(\langle /c \rangle|set\_direction)$$

公式中的 <c> 是表示概念序列开始的符号, </c> 是表示概念序列结束的符号。

而 $P(W|M)$ 作为各个概念对应的特定词序列的概率乘积, 可以按照公式 (12.4) 来计算。

$$P(设为自己家|location, set\_direction) = P(自己家|location)$$
$$\times P(设为|set\_direction)$$
$$(12.4)$$

而且, 要想要求公式右边的两个概率, 可以从表示这两个概念 ( $location$, $set\_direction$ ) 的词序列的语料库中推断出 $N$-Gram, 再通过 $N$-Gram 来计算。

然而, 在判别模型中, 要直接对 $P(M|W)$ 建模。判别模型的典型做法是用序列标注来解决语义分析 (图 12.5)。

序列标注就是给输入词序列中的每个单词都贴上标签, 这些标签在语义分析中会用到。标签分为 3 种: 表示特定概念开始单词的 B ( begin ), 表示这个概念内部单词的 I ( inside ) 和表示与概念无关的单词 O ( outside )。这种标注方法很常用, 称为 BIO 标注。如图 12.5 所示, 通常每个概念都会有 B 或 I 的标签 ( 例如, 针对 "位置" 这个概念, 有 B-Loc 或 I-Loc )。

| O | O | B-Loc | I-Loc | B-Loc | I-Loc | O | B-Tic | O | O | B-Num | B-Tic |
|---|---|---|---|---|---|---|---|---|---|---|---|
| 我 | 要 | 从 | 京都站 | 到 | 东京站 | 的 | 票 | 对了 | 要 | 2 张 | 自由席 |

符号 B 表示概念的起始, I 表示概念的内部, O 表示概念的外部。

图 12.5 基于序列标注的语义分析

如果将语义分析当作序列标注问题来考虑, 那么如公式 (12.5) 所示, 给定词序列 $W$ 时, 使后验概率最大的序列 $\hat{C}$ 就是要求取的解。

## 12.3 基于统计的语义分析处理

$$\hat{C} = \arg\max_{C} P(C|W) \tag{12.5}$$

求解这样的序列标注问题通常采用 CRF 算法（Conditional Random Field，条件随机场）（图 12.6）。将输入词序列 $W$ 的长度（单词数）记作 $L$，对应 BIO 标注的序列记作 $C = c_1, \cdots, c_L$，那么在 CRF 算法中的后验概率 $P(C|W)$ 就可以通过公式 (12.6) 来计算了。

$$P(C|W) = \frac{1}{Z} \prod_{i=1}^{L} \exp(\sum_{n=1}^{N} \lambda_n \phi_n(c_{i-1}, c_i, W)) \tag{12.6}$$

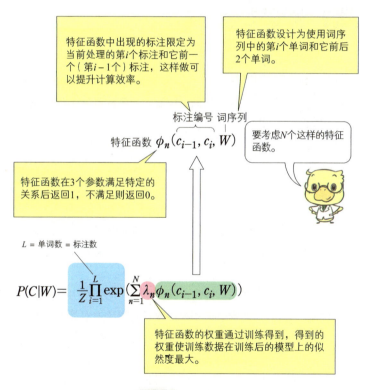

**图 12.6** CRF 的思路

公式中的 $\phi_n(c_{i-1}, c_i, W)$ 称为特征函数，$\lambda_n$ 是这个特征函数的权重，$Z$ 是将不同得分项的和调整为 1 的正则项。当特征函数的 3 个参数 $c_{i-1}$、$c_i$ 和 $W$ 之间满足某种关系时，特征函数的返回值就是 1，否则就是 0。

例如，$c_{i-1}$=B-Loc 并且 $c_i$=I-Loc 的话就是 1，或者 $c_i$=I-Loc 并且 $W$ 的第 $i$ 个单词 $w_i$ 中包含了"站"字的话就是 1，参数之间需要满足的关系可以像这样根据需要自由设计。

特征函数没有像生成模型中的似然度那样存在约束，它首先会从数据和标注中收集对判别有用的信息，再在训练中不断增大信息中最为有用的部分所持有的权重。

## 12.4 智能手机的语音服务

本节将介绍语义分析系统的实现案例——智能手机中的语音服务[①]。现在的智能手机性能很强劲，所以直接在手机设备上运行语音识别也是可以的。但是考虑到处理时间和识别性能，大多数系统还是在服务端进行语音识别和语义分析（图 12.7）。

手机设备有时会先对输入的语音进行一定程度的信号处理，再将它作为语音信号或特征向量发给语音识别服务器。

语音识别服务器完成识别后，会把识别结果的词序列发往语义识别服务器，语义识别服务器再将识别后的话语类型和识别内容返回给手机。

然后手机会检查语义分析的结果，如果结果是操作手机内部的应用程序，就从语义分析结果中提取出操作应用程序的必要单词，随后启动应用程序。

而如果识别结果是要执行搜索，就会向后端的搜索引擎中输入搜索命令。语音服务的后端通常会准备路线搜索或图片搜索等细分了领域的搜索引擎来执行搜索命令，搜索结果和响应文本一并以 HTML 的格式返回给手机。

---

① 本小节说明的内容基于吉村健的报告 [24]。

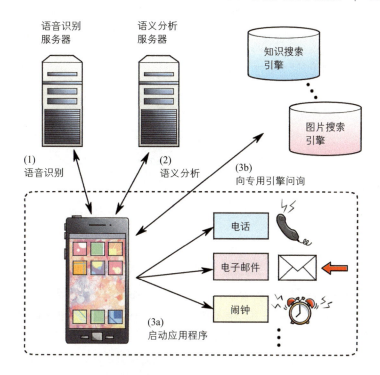

**图12.7** 智能手机语音服务的结构[24]

如此解释,语音搜索可能会被认为只是通过语音向搜索引擎输入查询文本的技术而已。如果语音输入的内容是搜索对象的正确名称并且没有包含识别错误,的确没什么问题。但是,有时用户可能会使用搜索对象的简称或俗称,此时就会出现"识别结果跑偏"的问题。另外,出现错误识别的情况也并不少见。

语音搜索技术(voice search)早在智能手机上的语音服务普及之前就开始研究了。如何应对语音输入中不可避免的识别结果跑偏和错误识别,并且正确地返回用户想要的查询对象,才是语音搜索要解决的问题(图12.8)。

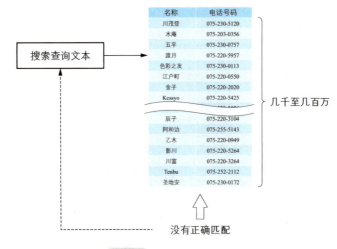

图12.8 语音搜索的问题设定

早期的语音搜索是名为 DA（Directory Assistance）的电话号码导航自动化系统。在该系统中，输入很短的语音往往不能与系统积攒的数据正确匹配，所以如何正确应答就成了问题。到了 2010 年前后，又有多种语音搜索系统被开发出来，例如用于查询餐馆的系统或者查询歌曲的系统等。

在餐馆查询中，输入的单词要查询哪个字段（店名、位置或菜系）比较容易判断。但是在歌曲查询中，输入的单词究竟是艺术家的名字还是歌曲名，或者是二者的组合判断起来就有点难了，识别系统必须在前后单词信息较少的条件下来做这个判断。这样的系统通常会使用带有多个字段的数据库，所以如果不清楚查询请求中包含了哪个字段（或是哪些字段的组合），那么语音搜索就会变成一个极其困难的问题。

针对这样的问题，可以通过统计方法利用参照 web 搜索引擎中用户（使用键盘）输入的查询关键词数据和用户对查询结果的阅览数据的统计结果。这样，就能可以降低"识别结果跑偏"所引发的歧义，还可以解决多字段的搜检索问题。这就是搜索引擎大厂所提供的语音搜索服务性能强劲的原因。

如上文所述，语音识别和语义分析系统基本上就是一问一答的模式:用户输入一个语音,系统返回一个应答。不过也有专业的聊天引擎能够保留对话历史,实现持续会话。

## 12.5 总结

本章介绍了通过语音识别的结果获取语义表示的方法。如果是小型的语音识别任务,可以根据基于语法规则的语言模型,对可能输入的语音文本进行限定,然后人工来描述这些输入的分析规则。但是,像当前智能手机中的语音服务这样,想要实现手机操作、检索,还有疑问解答等一连串功能的话,就需要对语言模型和语义分析二者都使用统计方法。

关于语义的表示方法这里并没有深入地探究。一旦涉及"语义",就无法和现实世界脱离关系。语义识别的终极目标是"系统就像是能够完全理解输入的语音一样做出应答或执行动作"。然而,虽说现在已经实现了通过对智能手机输入语音来操作家用电器或家用安保系统,但是对于"我要睡了"这样的语音输入,如果系统只会回答"晚安",而没有锁上家里的窗户和大门,那么我们能说这样的系统已经理解了输入语音的含意吗?像这样,关于语言"含意"的理论化,还有很多难点没有解决。

关于语义分析,堀贵明在文章 [25] 中进行了简明的入门解说,而 Gokhan Tur 等人的专业著作 [26] 则解释了各种语义分析的手法。如果有对语义网技术感兴趣的读者,请阅读拙著 [27]。

❶ 请阐述将数据库或语义网数据的查询语言作为语义表示时的优点和缺点。

图解语音识别

第 **13** 章

# 语音对话系统的实现

近些年,合成语音的质量正在得到大幅提升。是不是我们只要将前面学习到的语音识别技术和语音合成技术相结合,就可以实现与计算机的人机对话了呢?

## 13.1 对话系统的开发方法

本章将要说明使用语音识别的结果来实现人机对话的技术。通过语音输入/输出来与机器对话的系统称为语音对话系统。不过并非用语音作为输入的系统都是语音对话系统，例如车载导航系统，它只是用语音输入作为 GUI（图形用户界面）输入的代替手段。这里我们把语音对话系统定义为：机器接收到使用者的语音输入后能够判断做出怎样的应答或行动，有必要时甚至可以主动工作的系统。

通常，语音对话系统由语音识别、话语理解、对话管理、应答生成、语音合成这五大元素和后端应用共同构成。在本章，我们把语音识别模块和语音合成模块看作已经通过统计方法实现了的独立模块，并假定它们分别被整合进了话语理解模块和应答生成模块。这样处理后，话语理解模块就包含了语音识别功能，应答生成模块就包含了语音合成功能，那么语音对话系统就可以表示为如图 13.1 所示的样子。

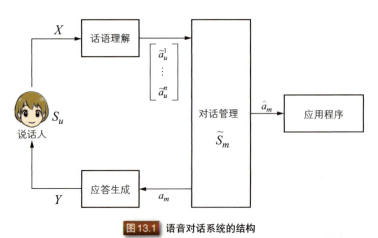

图 13.1　语音对话系统的结构

在图 13.1 中，$X$ 是说话人语音的特征向量序列，$\{\tilde{a}_u^1, \cdots, \tilde{a}_u^n\}$ 是 $X$ 语义分析的所有可能结果中前 $n$ 个得分高的集合，$\hat{a}_m$ 是系统要执行的动作，$a_m$ 是 $\hat{a}_m$ 的语音表达形式。其中，波浪号（~）表示由错误识别等引起的不确定性，帽子符号（^）表示在某种基准下得分最高的那个值。

例如，在设施内语音向导等一问一答式的对话系统中，可以从 $\{\tilde{a}_u^1, \cdots, \tilde{a}_u^n\}$ 中选取得分最高的 $\hat{a}_u^i$，然后通过直接确定系统应答 $a_m$。不过，通常的对话系统会根据对话记录调整其应答或行为，因此还需要保存系统的内部状态 $\tilde{S}_m$。

既然要对话，那就有必要知道说话人在想什么，也就是说系统有必要保存说话人的内部状态 $S_u$ 的信息。但这些信息在说话人的大脑中，是观察不到的，只能根据上下文推测出相关的信息或可能性的集合，因此将它们保存为系统的内部状态 $\tilde{S}_m$ 的一部分。

话语理解模块是基于第 12 章介绍的语义分析方法，以说话人语音的特征向量序列 $X$ 为输入，以话语理解结果 $N$-best 候选集合 $\{\tilde{a}_u^1, \cdots, \tilde{a}_u^n\}$ 为输出的模块。我们假定话语理解结果的表示形式为"话语类型" + "(slot 名称 = 值 ) 的序列"。

对话管理模块的作用是接收话语理解结果 $N$-best 候选集合 $\{\tilde{a}_u^1, \cdots, \tilde{a}_u^n\}$，并生成系统的意图 $a_m$。如何实现这个对话管理模块正是本章要讨论的主题。

应答生成模块会将系统的意图 $a_m$ 转换为语音表达形式 $Y$。虽然有人尝试用概念语音合成（concept-to-speech）技术直接将意图转换为语音，但通常的做法是把这个处理分成文本生成和语音合成两个阶段来进行。有报告指出，在对话系统的文本生成处理中，可以根据意图 $a_m$ 的语义表示，通过预先定义的文本生成规则来产生多个候选语句，再用 Generate-and-Select 方法或 $N$-Gram 等统计模型对多个候选语句进行排序，以选出最优的语句作为语音合成的对象文本。

用图 13.1 这样的模式来构造语音对话系统时，对话管理模块最简单的建模方法是采用有限状态自动机。此前很多语音对话系统是采用这个方法开发的。相关的内容会在 13.2 节中说明。

不过近些年来，人们发现基于有限状态自动机的开发方法也存在一些问题，例如人工描述对话规则的极限和需要应对语音错误识别等。这些问题的解决方法会在 13.3 节中说明。

## 13.2 基于规则的对话管理

对话管理中最基本的方法就是用自动机来描述对话的迁移。2005 年前后,交互式语音应答系统在美国正式投入使用,用户可以使用电话与交互式语音应答系统进行语音对话,查询信息或预约业务。现在仍在提供这种服务的大多数交互式语音应答系统,是根据图 13.2 所示的、由自动机描述的状态迁移规则来工作的。

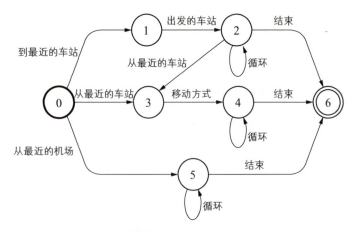

**图 13.2** 自动机的对话描述

在这个示例中,自动机的输入符号对应的是用户所说的内容或应用程序的查询结果,系统的动作(语音对话系统中系统的回答)是由各个状态定义的[①]。

应用这个自动机,就可以像图 13.3 那样一步一步地进行对话了。

---

① 也有其他设计方法,例如让系统的输出与状态迁移相对应。

## 13.2 基于规则的对话管理

> S：您好，这里是 A 酒店的路线指南。我可以为您介绍从车站或者机场到达本酒店的交通路线。我也可以为您查询到达酒店最近车站的换乘方案。　　[状态0]
> U：我想要换乘方案。
> S：请问您从哪个车站过来？　　[状态1]
> U：B 车站。
> S：从 B 车站到距离本酒店最近的 C 车站，乘坐○○线△△方向的快车很方便。乘车时间为……　　[状态2]
> U：谢谢。
> S：非常感谢您的使用。　　[状态6]

S：系统　U：用户

**图13.3** 可以用图13.2的自动机来管理的对话示例

图 13.3 展示的仅仅是一切都很顺利的情况，这要求用户能够很好地理解系统的功能，并且在进行对话的时候系统没有发生错误识别。对于对话过程中系统发出的问询，有的用户在一定时间内没能及时回复，也有一些用户根本不知道该如何回答。另外，所有用户都无法避免错误识别的发生。

因此，需要增加一些能够提前预想到的状态，例如给用户提供辅助提示，检查输入值以及在错误识别时允许再次输入等。但是如此一来，即便是只提供简单功能的语音对话系统，其状态数也会膨胀到几十个。

具有一定实用性的交互式语音应答系统中，据说会有成千上万的状态用于对话管理。如此大规模的系统，仅在开发阶段就需要描述出大量用于提前预测用户行为的状态迁移规则。这已经很困难了，更别提系统投入使用后，对于这样大量的规则，无论是从维护性还是从扩展性来看，其缺点都是显而易见的。另外，由于迁移规则描述的对象是人机之间的对话管理，这对于大多数技术人员来说是一个经验积累很少的领域。因此，开发人员可能会经常踩到坑，更加糟糕的是描述出的规则可能会过分依赖于开发人员自己的主观意识。

## 13.3 针对对话管理的统计方法

受到统计方法在语音识别中取得成功的影响,人们在对话管理中也不断尝试借助统计方法从训练数据中获取对话管理的规则。关于对话管理模块,有两个问题需要解决:一个是如何避免通过人工来描述状态迁移规则,另一个是如何处理由错误识别引起的不确定性。这两个问题背后涉及的模型是不同的,图 13.4 表示了它们之间的关系。

解决这两个问题的方法包括信念网络(Belief Network,BN)、马尔可夫决策过程(Markov Decision Process,后文简称为 MDP)和部分可观测马尔可夫决策过程(Partially Observable MDP,后文简称为 POMDP)。接下来将会分别介绍运用这些模型的对话管理方法以及相应模型的构建方法。

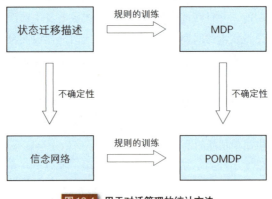

图 13.4 用于对话管理的统计方法

### 13.3.1 基于信念网络的对话模型

处理对话系统中不确定性的基本方法是将系统的内部状态 $\tilde{S}_m$ 看作概率变量的集合。我们通过组合每个概率变量的取值来表达系统的不确定性,这样一来随着对话的进展,概率变量的值也会变化,因此可以通过这些变化的信息来决定系统接下来的行为。

图 13.5 是一个信念网络的例子,这是一个有关货币兑换汇率和利

率的问询系统[1]。该系统会把对用户所说内容的理解结果反映到图中下方的节点上，并据此计算用户的目的（目的 = 兑换汇率，或者目的 = 利率）。在信念网络中，为了能通过观测到的信息（对用户所说内容的理解结果）推测出未观测到的概率变量的值，需要基于训练数据对图中连线上的条件概率进行最大似然估计。

将概率最高的目的选定为用户意图之后，如果输入中还有未观测到的 slot，就通过让系统发起询问来实现混合主导（用户询问 + 系统询问）的对话。

图13.5 信念网络的示例

### 13.3.2 基于MDP的对话模型

对话系统中存在的另一个问题是人工描述状态迁移，解决这个问题的方法是用机器学习来获取状态迁移规则。如果把对话过程看作使效用最大化[2]的连续决策问题，那么就可以使用机器学习方法训练出能够选取系统最优行为的模型，也就可以避免通过人工来描述规则了。

上述模式的处理方式中，可以应用下面的 MDP。

- 处于时刻 $t$ 的系统状态：$s_t \in S$。
- 处于时刻 $t$ 的系统行为：$a_t \in A$。
- 奖励：$r_t = r(s_t, a_t) \in \mathbb{R}$。
- 状态迁移概率：$p(s_{t+1} | s_t, a_t)$。

---

[1] H. M. Meng, C. Wai, R. Pieraccini. The Use of Belief Networks for Mixed-Initiative Dialog Modeling [J]. IEEE Trans. on Speech and Audio processing, 2003, 11(6): 757-773.
[2] 效用最大化是经济学用语，指消费者的满意度达到最大。——译者注

图 13.6 表示的是这些因素之间的关系。通过这样的模型来训练系统，系统就能学会"使未来的期望奖励最大化"的行为选择方法，即学会从状态到行为的映射规则（称为策略）。通过训练得到的系统能够根据奖励来控制行为，通常会给对话成功设置大的奖励，给对话失败设置大的惩罚，每个阶段也会设置小的惩罚。之所以每个阶段都设置小惩罚，是因为如果每个阶段受到的惩罚很大，那么训练出的策略就会倾向于尽早结束对话，而如果不设置惩罚，对话又会过于频繁。

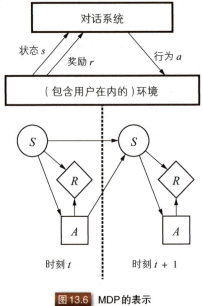

图 13.6　MDP 的表示

有报告指出，如果使用这个构架来训练航班信息查询系统，那么最初只能进行图 13.7 左侧对话的系统，在反复进行模拟器的对话后，就可以完成图 13.7 右侧的对话了[①]。

---

① E. Levin, R. Pieraccini, W. Eckert. A Stochastic Model of Human-Machine Interaction for Learning Dialog Strategies [J]. IEEE Trans. on Speech and Audio Processing, 2000, 8(1): 11-23.

## 13.3 针对对话管理的统计方法 | 169

```
训练前
S：更改座位吗？
U：哎？
S：几点的航班？
U：那个，我想要去札幌。
S：有1758个符合条件的结果。
   第1条是1月1日7:00出
   发……
U：等一下，请查一下明天从大
   阪出发到达札幌的航班。
S：非常感谢，期待您的下次使
   用。
```

⇒

```
训练后
S：您好，这里是航班信息查询
   系统。
U：前往札幌的航班。
S：从哪个机场出发呢？
U：大阪。
S：哪天出发？
U：2月2日。
S：符合要求的航班有4个……
```

不过，与系统对话的是模拟器程序。

S：系统
U：用户

图13.7 基于MDP的训练结果

### 13.3.3 基于POMDP的对话模型

基于MDP的对话模型有一个前提，那就是系统的状态必须可以确定无疑地被观测到。但是在语音对话中，考虑到错误识别时有发生，对状态不能完全确定的系统建模才更符合现实需要。与信念网络一样，在POMDP中，当前的状态由概率分布（时刻$t$处于状态$s_t$的概率）来表示，然后与MDP一样，对话的规则是被当作决策问题来训练的。

例如，我们来思考一个选择删除或保存语音信息的对话[①]。状态表示用户的意图，取值表示保存或删除中的某一个，而系统可能的行为是问询、保存操作和删除操作。用户意图的概率分布称为信念。信念会随观测到的不同信息（用户输入的话语）而变化，系统根据信念来决策它的行为。

在图13.8中，$t=0$时，系统根据初始信念选择了"问询"。这里，我们假定用户说的是"保存"，但是因为发生了错误识别，所以系统观测到的是"删除"。根据观测到的结果，系统更新了信念。不过还好系统

---

① J. D. Williams, S. Young. Partially Observable Markov Decision Processes for Spoken Dialog Systems [J]. Computer Speech and Language, 2007, 21(2): 393-422.

没有根据 $t=1$ 时的信念执行删除操作，并在下一步再次发起问询。如果这次输入被正确识别为"保存"，那么就会按照这次的识别结果来更新信念。由于 $t=2$ 时系统的最优行为仍然是"问询"，所以接下来通过不断地"问询"，将信念更新到可以选择保存操作的有效范围内，这样就可以真正执行邮件的保存操作了。

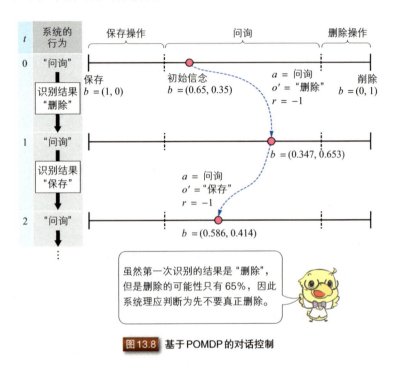

图 13.8　基于 POMDP 的对话控制

## 13.4　总结

本章讲解的是语音对话系统的实现方法，包括基于状态迁移的方法、基于信念网络的方法，还有使用 MDP 和 POMDP 的方法。其中，使用了 MDP 和 POMDP 的方法在训练中所需要的大量数据以前是借助模拟器来生成的，不过近年来也有人提出了使用少量数据就可以进行训

## 13.4 总结

练的方案。

希望深入学习语音对话系统技术的读者可以参考河原达也和荒木雅弘的著作 [28]。另外,岛津明等人的著作 [29] 虽然内容有点过于专业,不过可以从中学习到口语对话处理方法的细节。

❶ 请调查一问一答式的对话系统是如何设计的。

图解语音识别

第 **14** 章

# 终篇

在本书的最后,我们来了解几款在学习语音识别时可以使用的工具。另外,本章还会再推荐几本教材给想要正式学习语音识别的读者。

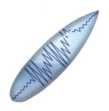

## 14.1 语音分析工具 WaveSurfer

语音分析工具 WaveSurfer[①] 是瑞典皇家理工学院发布的一款使用了 BSD 协议的自由软件，其二进制发行版可以运行在 Linux、Windows 和 macOS 上。

WaveSurfer 既可以采集用于训练或测试的语音数据（图 14.1），又可以将语音的分析结果可视化（图 14.2）。

在 WaveSurfer 软件中打开一个音频文件时，会弹出 Choose Configuration 窗口，从选项中选择 Speech Analysis，点击 OK 后就可以看到图 14.1 所示的画面了。我们可以试试录制汉语元音 a、o、e、i、u、ü 后，通过声谱图观察其共振峰的变化，再与图 2.15 的共振峰图进行比较。

用鼠标右键点击语音波形或频谱，从菜单中选择 Spectrum Section 后就可以看到如图 14.2 所示的频率分析的结果。包含了点击的时间点在内，特定区间信号的频率分析结果我们都能查看。

另外，也可以尝试用平静、灰心、气愤、开心、疑惑等不同的情绪来录"是这样啊"这句话，再观察它们的基本频率变化。这也是十分有趣的。

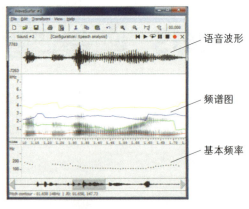

图 14.1　WaveSurfer 的主页面

---

① http://www.speech.kth.se/wavesurfer/

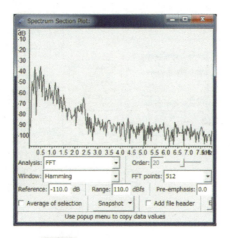

图 14.2 特定区间的语音分析结果

## 14.2 HMM构建工具 HTK

HTK[①] 是英国剑桥大学发布的关于 HMM 的工具套件。它是一款使用 HMM 进行语音识别的一站式工具，集成了从语音录制到语音识别结果评测的一系列功能。

图 14.3 显示了使用 HTK 进行 HMM 训练的过程。该场景很简单：以单词为单位生成 HMM，人工描述单词的连接规则，也就是语法，然后再进行识别测试。

---

① http://htk.eng.cam.ac.uk/

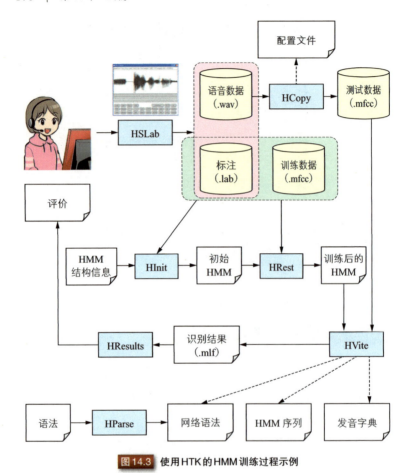

**图 14.3** 使用 HTK 的 HMM 训练过程示例

下面简单介绍一下图中各命令的具体功能。

- HSLab

这是一个用于声音录制和标注的图形化工具。上一小节介绍的 WaveSurfer 也可以做相同的工作。

- HCopy

这是一个从语音数据中计算 MFCC 的工具。可以通过配置文件来调整提取的特征向量的种类和维度。

- HInit

输入 HMM 结构和各个参数的初始值,根据数据均值和方差信息来设置适当的初始训练参数。

- HRest

使用鲍姆－韦尔奇算法估计 HMM 的参数。

- HParse

使用维特比算法将正则语法的规则转换为便于使用的网络语法格式。

- HVite

使用维特比算法求解各语音数据的识别结果。

- HResults

对比识别结果和正确标注,计算识别率等。

在 HTK 中,除了这里介绍的命令之外,还准备了一组用来进行高级处理的命令。例如进行说话者自适应的 HERest 命令,还有在各个状态的高斯混合分布中增加混合度的 HHEd 命令,等等。

HTK 的注册用户可以下载名为 HTKBook 的说明手册。HTKBook 不只介绍了 HTK 的使用方法,还详细地介绍了其背后原理,是一本很有价值的专业资料。

## 14.3 大词汇量连续语音识别引擎Julius

Julius[①] 最初由日本京都大学开发,后来经日本多家研究机构合作进行了改良。目前,Julius 的发布者是日本的京都大学和名古屋工业大学。

Julius 是一款通用解码器,因此既可以用于声学模型,又可以用于语言模型(图 14.4)。

Julius 中的解码采用了双路径启发式搜索。在第一次搜索中使用简易模型来进行快速集束搜索,该模型的简易之处在于将单词的 2-Gram 语言模型或单词之间的协同发音进行了近似处理。第二次搜索使用更为

---

① http://julius.sourceforge.jp/

精密的模型，在输入语音的终端设备上执行启发式搜索。

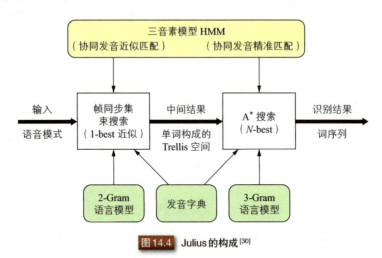

**图14.4** Julius 的构成[30]

  Julius 的下载网站还提供了听写工具包，整合了语音模型、语言模型和配置文件，下载后就可以立即开始语音识别。图 14.5 显示的就是 Julius 进行语音识别时的状态。

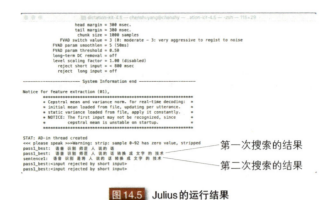

**图14.5** Julius 的运行结果

  笔者执笔本书时 Julius 的最新版本是 4.3.1。其听写工具包中的声学模型有两个版本：一个是高斯混合模型 GMM（Gaussian Mixture Model）版，另一个是使用了深度学习的 DNN（Deep Neural Network）版。

  Julius 中提供的语言模型是用 BCCWJ 生成的。BCCWJ 由日本国立国语研究所开发,是用于听写的语料库,全称为"现代日语书面语均衡语料库"。另外,在小规模的语音识别任务中,也可以自己定义语法,再用 Julius 附带的工具将其转换为有限状态自动机。把转换后的自动机设定到配置文件中,就可以生成限定了词汇量的高精度语音识别模型了。

将 Julius 用作其他应用程序的语音识别模块时,要以模块模式启动,然后通过套接字(socket)通信来获取识别结果。李晃伸等人的论文 [30] 中详细地说明了将 Julius 用作大型系统部分组件的方法。

## 14.4 虚拟代理对话工具MMDAgent

MMDAgent[①] 是一个工具包,用来开发集成了语音识别、语音合成和虚拟代理的对话系统。MMDAgent 由日本名古屋工业大学发布,采用了 New BSD 协议(图 14.6)。

图14.6 MMDAgent

MMDAgent 的语音识别模块使用的是 Julius,语音合成模块

---

① http://mmdagent.jp/

使用的是 OpenJTalk，虚拟代理的运行使用了三维 CG 开发工具 MikuMikuDance。MMDAgent 并不是将这些工具简单地组合在一起，而是下了很多功夫来实现用户与三维虚拟代理的自然对话。例如，虚拟代理在说话时，口型会根据输出合成语音的音素发生变化，而且为了表达愉悦或沮丧，虚拟代理还具备不同的表情和多种合成语音，等等。

如图 14.7 所示，MMDAgent 使用 FST 来描述对话。FST 的输入可以是诸如语音输入中检测到了特定单词或完成了语音合成这样的事件，输出可以是合成的语音、虚拟代理的动作反应或是网页的显示等。

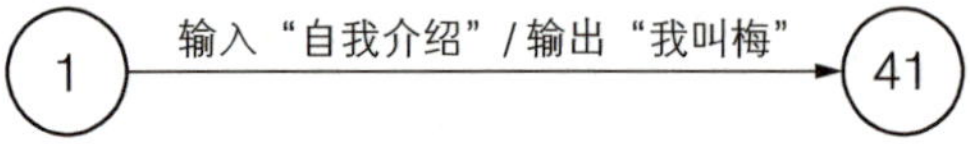

```
                    输入"自我介绍"/输出"我叫梅"
              ①─────────────────────────────────▶ 41

1  41  RECOG_EVENT_STOP | 自我介绍     SYNTH_START | mei | mei_voice_normal | 我叫梅
1  41  RECOG_EVENT_STOP | 您, 谁       SYNTH_START | mei | mei_voice_normal | 我叫梅
1  41  RECOG_EVENT_STOP | 你, 谁       SYNTH_START | mei | mei_voice_normal | 我叫梅
41 42  <eps>                            MOTION_ADD | mei | ...¥mei_self_introduction.vmd | PART | ONCE
42 43  SYNTH_EVENT_STOP | mei           SYNTH_START | mei | mei_voice_normal | 请多关照
43 2   SYNTH_EVENT_STOP | mei           <eps>
```

| 输入事件 | | 输出命令 | |
|---|---|---|---|
| RECOG_EVENT_STOP | 识别结束 | SYNTH_START | 合成开始 |
| SYNTH_EVENT_STOP | 合成结束 | MOTION_ADD | 动作开始 |
| TIMER_EVENT_STOP | 计时结束 | TIMER_START | 计时开始 |
| VALUE_EVENT_EVAL | 变量评价结果 | VALUE_EVAL | 变量评价 |
| | | EXECUTE | 执行外部程序 |

图 14.7　MMDAgent 的对话描述示例

## 14.5　深入学习之路

除了这里介绍的工具以外，还有很多对语音识别的学习和研究有用的工具。

Praat[①] 是一款对语音进行声学分析的常用软件，因为它能够使用脚本来描述分析过程，可以一次处理大量的数据，因此常被用于正式的研

---

① http://www.fon.hum.uva.nl/praat/

究工作中。

在建立声学模型的工具中，Kaldi toolkit[①] 这款软件很受关注，它支持新的特征提取方法 PLP（Perceptual Linear Prediction）和深度学习。

关于建立语言模型的工具，Palmkit（Publicly Available Language Modeling Toolkit）这款软件具有完善的日文使用手册[②]，而 SRILM[③]（The SRI Language Modeling Toolkit）在最近的研究中被广泛应用。

关于 WFST 的工具，FSM Library[④] 和 OpenFst[⑤] 都是可以通过编程语言来调用的库。

关于对话管理工具，有使用 POMDP 方法进行对话管理的 AT&T Statistical Dialog Toolkit[⑥]。

对于接下来想要进一步学习语音识别的读者，笔者想推荐 Dan Jurafsky 和 James H. Martin 的著作 [31]。另外，日本电子信息通信学会在网上发布的《知识库》（电子版）[32] 中，有日本语音识别方向的顶级研究学者们针对各个领域的简洁说明，还有在本书中笔者忍痛割爱的很多论文原文的引用，将此资料推荐给未来要从事语音识别研究的读者们[⑦]。

---

① http://kaldi.sourceforge.net/

② http://palmkit.sourceforge.net/。这款软件没有汉语或英语使用手册。——译者注

③ http://www.speech.sri.com/projects/srilm/

④ http://www2.research.att.com/~fsmtools/fsm/

⑤ http://www.openfst.org/twiki/bin/view/FST/WebHome

⑥ http://www2.research.att.com/sw/tools/asdt/

⑦ http://www.ieice-hbkb.org/portal/doc_514.html。——译者注

# 思考题的解答

## 第1章

❶ 首先是因为"识别精度还没有达到用户所要求的级别"。作为人机接口的手段时,语音识别输入比键盘输入引发错误的概率要高很多。即便从输入效率方面考虑,语音输入的时间虽然短,但是考虑到识别错误的修正,有时语音识别所花费的时间反而更多。另外,语音识别还被指出存在"在周围有人的环境中不方便使用"的个人隐私问题。

❷ 在统计模式识别中,用于训练统计模型的数据量对识别性能有很大的影响。而对小语种来说,想要收集大量的语音数据和语言数据是很困难的,因此只能使用少量数据来训练统计模型,这样一来识别性能就很难提高。

## 第2章

❶ 开始说话前吸入空气的声音(嘶),或者说完话之后的吐气声都属于非语言的声音。尽管这些声音不是语言的一部分,但是在某些场景中还是会起到一些作用。

❷ 英语中有 10 种元音,如图 A.1 所示。

❸ 在大词汇量连续语音识别引擎 Julius 的日语标准声学模型中,定义了 43 个音素[①]。

---

[①] Julius 没有提供汉语声学模型,如果想用 Julius 实现汉语语音识别,需要从声学模型开始重新搭建。——译者注

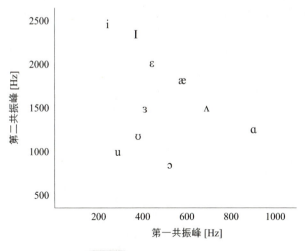

图A.1　英语元音的共振峰图

## 第3章

❶ 将问题中给出的 $p(x)$ 代入第 3 章的公式 (3.7) 中。

$$\log p(D;\theta) = \log \prod_{x_i \in D} p(x_i)$$

$$= \log \prod_{x_i \in D} \frac{1}{\sqrt{2\pi\sigma^2}} \exp(-\frac{(x_i - \mu)^2}{2\sigma^2})$$

$$= \frac{1}{\sqrt{2\pi\sigma^2}} \sum_{x_i \in D} -\frac{(x_i - \mu)^2}{2\sigma^2}$$

❷ 除去上面公式中的系数，然后对结果求 $\mu$ 的偏导数，使其为 0。

$$\frac{\partial \log p(D;\theta)}{\partial \mu} = \frac{1}{\sigma^2} \sum_{x_i \in D}(x_i - \mu)$$

$$= \frac{1}{\sigma^2}(\sum_{x_i \in D} x_i - N \cdot \mu) = 0$$

由此可以求得如下所示的 $\mu$。

$$\mu = \frac{1}{N} \sum_{x_i \in D} x_i$$

同上面的处理，求 $\sigma^2$ 的偏导数，使其为 0。

$$\frac{\partial \log p(D;\theta)}{\partial \sigma^2} = \frac{N}{2\sigma^2} + \frac{1}{2(\sigma^2)^2} \sum_{x_i \in D} (x_i - \mu)^2 = 0$$

由此可以求得如下所示的 $\sigma^2$。

$$\sigma^2 = \frac{1}{N} \sum_{x_i \in D} (x_i - \mu)^2$$

❸ 将第 3 章的公式 (3.11) 对 $r$ 求导，并使其为 0，再求解 $r$。

## 第4章

❶ 各种自动机的映射如下表格所示。需要注意的是 FST 的映射并不是 $\Sigma^* \to \Delta^*$，而是 $\Sigma^* \to 2^{\Delta^*}$。$2^{\Delta^*}$ 称为幂集，就是由"$\Delta^*$（任意的输出符号序列）所组成的集合"中的所有子集构成的集合。例如，如果 $\alpha = \{a, b, c\}$，对应的幂集 $2^\alpha$ 就是 $\{\{\}, \{a\}, \{b\}, \{c\}, \{a, b\}, \{a, c\}, \{b, c\}, \{a, b, c\}\}$。

| 自动机 | 映射 |
| --- | --- |
| FSA | $\Sigma^* \to \{0, 1\}$ |
| WFSA | $\Sigma^* \to \{0, 1\} \times K$ |
| FST | $\Sigma^* \to 2^{\Delta^*}$ |
| WFST | $\Sigma^* \to 2^{\Delta^*} \times K$ |

## 第5章

❶ 采用了离散余弦变换的图片压缩，其原理与语音频率分析中高频部分的分离是相同的。虽然图片数据是二维的，但是它的处理思路和一维的语音数据一样，可以表现为频率不同的二维波的加权和。高频部分相当于原图片中临近像素点细微的颜色差异。虽然削弱这些差异会使得像素点的颜色变得和临近的像素点的颜色一致，不过人眼几乎是察觉不到的。而 JPEG 格式的图像压缩并不是将高频部分全部舍弃，而是通过粗粒度的量化来减少图片中的信息。

## 第6章

❶ 状态迁移概率可以参考第 6 章的图 6.9。在状态 $S_1$ 处 $a$ 输出 2 次、$b$ 输出 0 次,因此 $a$、$b$ 各自的输出概率为 1.0 和 0。在状态 $S_2$ 处 $a$ 输出 1 次、$b$ 输出 2 次,因此 $a$、$b$ 各自的输出概率为 0.33 和 0.67。

❷ 由于输出概率 / 状态迁移概率的初始值是相等的,所以 4 种状态迁移方法都是等概率事件(E 步骤)。在此基础上的 M 步骤的计算就如下方表格所示,将表格中的内容汇总就生成了如图 A.2 所表示的 HMM。

| 系列 | $a_{11}$ | $a_{12}$ | $a_{22}$ | $a_{2E}$ | $b_1(a)$ | $b_1(b)$ | $b_2(a)$ | $b_2(b)$ |
|---|---|---|---|---|---|---|---|---|
| $S_1S_2S_2S_2S_2$ | 0 | 1.0 | 0.75 | 0.25 | 1.0 | 0 | 0.5 | 0.5 |
| $S_1S_1S_2S_2S_2$ | 0.5 | 0.5 | 0.67 | 0.33 | 1.0 | 0 | 0.33 | 0.67 |
| $S_1S_1S_1S_2S_2$ | 0.67 | 0.33 | 0.5 | 0.5 | 1.0 | 0 | 0 | 1.0 |
| $S_1S_1S_1S_1S_2$ | 0.75 | 0.25 | 0 | 1.0 | 0.75 | 0.25 | 0 | 1.0 |

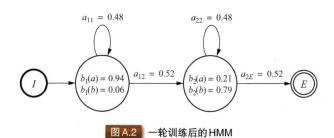

**图 A.2** 一轮训练后的 HMM

## 第7章

❶ 在应用混合分布时,可以采取在一个 HMM 的各个状态中共享正态分布的方法。各状态概率密度函数的区别只表现在共享分布的不同权重上。这种方法称为 Tied Mixture Model。

❷ 一种方法是在识别之前让说话人读选定的文章,这种方法称为有监督适应。因为事先知道输入的语音对应哪些音素,所以适应的精度会比较高,不过让说话人读文章这个过程会费点功夫。

另外一种方法是使用说话人所说内容的第一句话来做说话人自适应。这种方法称为无监督适应。虽然这种方法很方便，在不降低用户体验的前提下就可以进行，不过因为要识别出用来做自适应的这句话，一旦识别错误其适应性能就会很差。

## 第8章

❶ 大词汇量连续语音识别引擎 Julius 中的听写工具包附带的语音模型，使用的是日本国立国语研究所开发的"现代日语书面语均衡语料库"（BCCWJ）。附带的注意事项中说语料库中大约有 1 亿个单词。

## 第9章

❶ 集束宽度过窄，从搜索结果中漏掉最优解的可能性就会增高。相反，集束宽度过宽，处理时间就会变长，也就无法保证语音识别的实时性了。

❷ 在大词汇量连续语音识别引擎 Julius 中，将正方向扫描处理的结果作为反方向扫描处理的启发信息，实现了近似 A* 搜索的功能。这个设计让反方向的搜索时间得以缩短，即便是二次搜索也几乎不会失去实时性。

## 第10章

❶ 图 A.3 表示的就是按照 Algorithm 10.1 的步骤，由"从单词转换成词性的 WFST"和"从词性转换成句子的 WFST"所合成的 WFST。

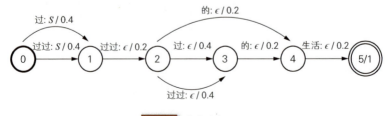

图 A.3　合成后的 WFST

## 第11章

❶ 假设我们已经开发出了一个输入汉语句子、输出英语句子的翻译型 WFST，那么就可以考虑在合成了语音模型、发音字典和语言模型的语音识别 WFST 中，将这个翻译 WFST 也合成进去的应用。因为即使将这个翻译 WFST 加进去，也无须改变解码器的搜索处理就能让它正常运行。

## 第12章

❶ 将查询语言用作语义表示的优点之一是"查询语言是事先规定好的，所以语义分析处理应该输出什么是很明确的"。通常在语音对话系统中，一旦增加系统功能，语义表示就有可能发生变化，这是语义分析程序维护中的一个大问题。而查询语言并不会发生那么频繁的变化，即使有时功能发生变化，大多也会确保向后兼容性（变更前的命令还可以正常工作），因此不容易引发维护的问题。

相反，其缺点之一是"对于查询输入之外的输入，需要另外设置语义表示"。如果这些额外的输入只是单纯用于确认的 yes/no 这种程度的还好处理，但如果是像"去掉数据库某个字段的查询条件再执行查询"这样带有某种参数的输入，那么对应这个再次输入所需要的工作量就和另外制定语义表示差不多了。

## 第13章

❶ 在一问一答式的对话系统中，使用基于实例的方法的对话系统，其鲁棒性（对用户的任何输入都能相应返回最优的应答）更高。所谓基于实例的方法是指，对话系统包含了由问答配对数据组成的实例数据库，系统先计算输入问句（输入语音的识别结果）与数据库中问句文本的相似度，然后再将相似度最高的实例所对应的回答文本回复给说话人。

# 参考文献

[1] 古井貞熙. 人と対話するコンピュータを創っています——音声認識の最前線[M]. 東京:角川学芸出版, 2009.

[2] 荒木雅弘. フリーソフトでつくる音声認識システム——パターン認識・機械学習の初歩から対話システムまで[M]. 東京:森北出版, 2007.

[3] 鹿野清宏, 伊藤克旦, 河原建也, 等. 音声認識システム（IT Text）[M]. 東京:オーム社, 2001.

[4] 中川聖一, 編. 音声言語処理と自然言語処理[M]. 東京:コロナ社, 2013.

[5] 日本音響学会, 編. 音のなんでも小事典——脳が音を聴くしくみから超音波顕微鏡まで（ブルーバックス）[M]. 東京:講談社, 1996.

[6] 青木直史. ゼロからはじめる音響学[M]. 東京:講談社, 2014.

[7] 窪薗晴夫. 日本語の音声（現代言語学入門）[M]. 東京:岩波書店, 1999.

[8] 石井健一郎, 上田修功, 前田英作, 等. わかりやすいパターン認識[M]. 東京:オーム社, 1998.

[9] 平井有三. はじめてのパターン認識[M]. 東京:森北出版, 2012.

[10] 杉山将. 图解机器学习[M]. 北京:人民邮电出版社, 2015.

[11] 河原達也. 音声認識の方法論に関する考察——世代交代に向けて. 情報処理学会研究報告[J]. 音声言語情報処理, 2014, 2014-SLP-100(3): 1-5.

[12] John E. Hopcroft, Rajeev Motwani, Jeffrey D. Ullman. 自动机机理论、语言和计算导论（原书第2版）[M]. 刘田, 等, 译. 北京: 机械工业出版社, 2004.

[13] Takaaki Hori, Atsushi Nakamura. Speech Recognition Algorithms Using Weighted Finite-State Transducers (Synthesis Lectures on Speech and

Audio Processing) [M]. Morgan & Claypool, 2013.

[14] 古井熙. 音声情報処理（電子情報通信工学シリーズ）[M]. 東京:森北出版, 1998.

[15] 杉山将. 統計的機械学習——生成モデルに基づくパターン認識（Tokyo Tech Be-TEXT）[M]. 東京:オーム社, 2009.

[16] 金谷健一. これなら分かる最適化数学——基礎原理から計算手法まで[M]. 東京:共立出版, 2005.

[17] 石井健一郎, 上田修功. 続・わかりやすいパターン認識——教師なし学習入門[M]. 東京:オーム社, 2014.

[18] Georg Heigold, Hermann Ney, Ralf Schluter, et al. Discriminative Training for Automatic Speech Recognition: Modeling, Criteria, Optimization, Implementation, and Performance [J]. IEEE Signal Processing Magazine, 2012, 29(6):58-69.

[19] Geoffrey Hinton, Li Deng, Dong Yu, et al. Deep Neural Networks for Acoustic Modeling in Speech Recognition [J]. IEEE Signal Processing Magazine, 2012, 29(6):82-97.

[20] 久保陽太郎. ディープラーニングによるパターン認識[J]. 情報処理, 2013, 54(5):500-508.

[21] 北研二. 確率的言語モデル（言語と計算）[M]. 東京:東京大学出版会, 1999.

[22] 高村大也. 言語処理のための機械学習入門（自然言語処理シリーズ）[M]. 東京:コロナ社, 2010.

[23] 李晃伸. 音声認識のデコーダと認識エンジン [J]. 日本音響学会誌, 2010, 66(1):28-31.

[24] 吉村健. しゃべってコンシェルと言語処理[J]. 情報処理学会研究報告, 2012, 2012-SLP-93(4): 1-6.

[25] 堀貴明. 意図を理解する音声認識技術. 電子情報通信学会誌[J]. 2013, 96(11):856-864.

[26] Gokhan Tur, Renato De Mori, editors. Spoken Language Understanding: Systems for Extracting Semantic Information from Speech. Wiley, 2011.

[27] 荒木雅弘. フリーソフトで学ぶセマンティックWebとインタラクション[M]. 東京:森北出版, 2010.

[28] 河原達也, 荒木雅弘. 音声対話システム（知の科学）[M]. 東京:オーム社, 2006.

[29] 島津明, 中野幹生, 堂坂浩二, 等. 話し言葉対話の計算モデル[J]. 電子情報通信学会, 2014.

[30] 李晃伸, 河原達也. Juliusを用いた音声認識インタフェースの作成[J]. ヒューマンインタフェース学会誌, 2009, 11(1):31-38.

[31] Daniel Jurafsky, James H. Martin. 语音与语言处理：自然语言处理、计算语言学和语音识别导论（英文版・第2版）[M]. 北京:人民邮电出版社, 2010.

[32] 電子情報通信学会.音声認識:2群7編2章, 2011. http://ieice-hbkb.org/files/02/02gun_07hen_02.pdf.

# 后　记

在智能手机上进行语音搜索，通过语音输入制造商名称或产品型号时的正确识别率高得惊人。看到这样的情况，大家可能会认为语音识别已经是很完善的技术了。但是，当你试着对这个语音识别接口用自然的语气输入想要对朋友或家人说的话时，又可能会觉得"这么简单的单词居然也会弄错"。

语音识别技术或对话处理技术还在发展阶段，用于实现更高识别精度或更多功能的新方法也正被不断地提出。本书主要介绍的都是基础技术，新技术只是简单提及。想要学习新技术，只能去看最新的论文。不过直接去读论文还能立刻理解其中内容的，恐怕只有很小一部分专家吧。请大家以本书为起点，理解语音识别的基础，然后再去学习更加专业和深入的图书。在那之后，应该就可以通读专业技术论文了。

本书中的很多内容参考了日本京都大学每年举办的"语音识别/语音对话技术讲习会"（由京都大学学术信息媒体中心/高级语言信息融合论坛主办）的讲义，非常感谢以河原达也老师为代表的讲习会运营团队的各位。另外，关于 WFST 的部分，堀贵明先生和中村笃先生的著作 [13] 让我受益匪浅。最后，感谢讲谈社科学部的横山真吾先生给我出版本书的机会，并在我执笔时给予很多帮助。

笔者
2014 年 9 月

# 版 权 声 明

《IRASUTO DE MANABU ONSEININSHIKI》
© Masahiro Araki 2015
All rights reserved.
Original Japanese edition published by KODANSHA LTD.
Publication rights for Simplified Chinese character edition arranged with KODANSHA LTD. through KODANSHA BEIJING CULTURE LTD. Beijing, China.

本书由日本讲谈社正式授权，版权所有，未经书面同意，不得以任何方式作全面或局部翻印、仿制或转载。

版权所有，侵权必究。